JN012073

COVID-19

Digital Society

AI

Diversity

BLM

LGBT

聴けば

自分の気持ちが見えてくる

英語スピーチ

～世界共有の課題リスニング～

Sustainability

Climate Change

The World Towards Unity

足立恵子

著

SANSHUSHA

はじめに

新型コロナウイルスの感染拡大により、期せずして世界中の人が同時に同じことに関心を持つようになりました。ニュースやSNSで誰もがStay (at) home.（ステイホーム）、Protect your loved ones.（大切な人の命を守ろう）と唱え、自身が新型コロナウイルスに感染したイギリスのボリス・ジョンソン首相や、早期に感染を抑え込んだニューヨークのアンドリュー・クオモ知事の活躍が、日本でも大きくクローズアップされました。気候変動やBLM（ブラック・ライブズ・マター）、LGBTについての話題も各国で頻繁に語られるようになり、世界の人が持つ共通の課題を英語でそのまま理解したいと思うようになった人も多いのではないでしょうか。

カナダのジャスティン・トルドー首相、ニュージーランドのジャシンダ・アーダーン首相など、若きリーダーが台頭していることも、現代の国際社会の大きな特徴です。彼らはSNSでメッセージを発信し、普段着で自宅から動画を投稿することさえあります。日本にいる私たちも、インターネットで世界のリーダーの生の声を聞き、SNSで彼らに直接メッセージを送ることができます。世界のリーダーたちのスピーチを参考にして英語力を鍛え、ぜひ自分の考えたことを英語で発信できるようになってください。

本書では、diversity（ダイバーシティ）、sustainability（サステナビリティ）など世界共通の課題をキーワードとして取り上げ、それらについて語る政治リーダーたちのスピーチから英語を学ぶという方法を取っています。学習の進め方につ

はじめに

いて、ご紹介します。

1. 大きなキーワードから背景知識を得る

sustainability、LGBT、BLM といった言葉を聞いたことはあっても、具体的にどのような意味があり、どういった経緯で使われるようになったかを知っている人は少ないのではないでしょうか。世界の課題を語るキーワードについての詳しい知識を身につけ、自分自身の問題としてとらえられるようになりましょう。

2. スピーチを聞いて理解する

今、世界で最も注目されている政治家たちのパワフルなスピーチを掲載しました。話の展開の仕方、使われている英語表現、抑揚の付け方などに注意しながら内容を理解するようにしてください。最初は英文を見ずに聞き、2回目に英文や語注を参照しながらじっくり聞くようにするといいでしょう。

3. キーフレーズを身につける

リーダーたちのスピーチから、仕事や日常生活での会話に役立つ英語フレーズを取り上げ、応用フレーズを紹介しています。これを一つの例として、スピーチの中で使われている表現を自分のものにしていってください。

4. リーダーたちのSNSに投稿してみよう

今の政治家たちは、自身のFacebookやTwitterアカウントを持ち、YouTubeで動画を公開しています。本書でコメントの例文を掲載しているので、気になる投稿や動画を見つけたら、ぜひ一言コメントをつけてみましょう。英語でニュースやSNSを見るためのモチベーションが高まり、英語で発信する力を養う機会にもなります。

5. 関連キーワードを整理しよう

英語のニュースやSNSで一つの話題を追っていると、いつも同じような言葉が使われていることに気づくかもしれません。重要なキーワードの意味を覚えておけば、より速く容易に内容を理解することができるようになります。各セクションの最後に挙げたキーワードは、パッと見て意味がわかるようになりましょう。

ここに挙げたスピーチは、ほんの一例に過ぎません。海外ニュースで気になるキーワードや政治家を見つけたら、インターネットでSNSをフォローし、動画をチェックしてください。世界の課題について自分の頭で考えて英語で発信してみましょう。

2021年5月

足立恵子

本書の構成と使い方

1

■世界共有の課題についての基礎知識

Section 1

Diversity
ダイバーシティ

アメリカに生まれた「違いの価値」を認める概念

diversity（ダイバーシティ）は「多様性」という意味であり、性別・人種・国籍・民族・宗教・性的志向・学歴などによるさまざまな違いを受け入れることを指す。日本では企業の経営戦略の1つとして語られることが多いが、広く世界では、政治・経済・教育・文化などさまざまな分野で、他者のvalue（価値観）の違いを認めるという意図で使われる言葉だ。

ダイバーシティの考え方は、1964年、アメリカでCivil Rights Act（公民権法）が成立し、人種・性別・宗教などを理由とした差別を禁じたことに始まるとされる。1980年代には、人種や性別による違いを「価値」として認める概念がアメリカおよび欧米社会で重視されるようになり、さまざまな価値を包括的に受け入れるinclusion（インクルージョン）という語も使われるようになった。

移民の国でマイノリティの割合が高まる

immigrant（移民）の国であるアメリカは、白人が約72.4%、黒人が12.6%、アジア人が4.8%を占め、中南米諸国からの移民であるヒスパニック系は全体の16%となる。ヒスパニック系、アジア系などminority（マイノリティ、少数派）が増加しつつあり、その割合は、これからさらに高まると予測されている。

同じく移民の国であるカナダは、世界で初めてmulticulturalism（多文化主義政策）を導入した国だ。全国に200以上の民族を数え、人口の20%、すなわち5人に1人はカナダ以外の国で生まれた移民。トロントでは46%、バンクーバーでは40%と、大都市の半数近くを移民が占め、その多くはアジア系だ。フランス語を第一言語とする州があることから、公用語は英語とフランス語になっている。こういった国の政治家にとって、ダイバーシティは政策に欠かせない要素であり、カナダ首相のスピーチは、英仏両言語で行われる。

日本で暮らす外国人は約300万人

日本では、1972年に「男女雇用機会均等法」（英語ではEqual Employment Opportunity Law）が制定され、ダイバーシティは主に男女平等（gender equality）の問題として語られてきた。しかし、現在は在留外国人（foreign resident）の数が300万人近くとなり、中国・韓国に限らず、ベトナム、フィリピン、インドネシア、タイなど多彩な国からやってきている。中には、Muslim（イスラム教徒）など、日常の生活習慣が異なる人々も数多く含まれる。これから日本でも、民族や宗教に配慮したダイバーシティが求められることになりそうだ。

16　　17

2

■人物紹介とスピーチの背景

■英語の特徴

Diversity

Justin Trudeau
Prime Minister of Canada

ジャスティン・トルドー
「カナダ首相」

男女半々内閣を実現、各宗教の祭事に祝辞を送る

2015年、ジャスティン・トルドーは43歳というカナダ史上2番目の若さで首相に就任した。父ピエール・トルドーは、1960年代から80年代にかけて15年間政権の座にあったカナダの名首相。名門の家の出で端正なルックスの持ち主、しかし職業は元高校教師で趣味はボクシングという親しみやすい一面を持ち、カナダ国民に熱狂的に迎え入れられた。

初の組閣では閣僚が男女半数ずつ、先住民の血を引く者や、元アフガニスタン難民の移住者も入閣し、diversity（多様性）への配慮を強調した。その理由を聞かれたトルドーは、"Because it's 2015."（2015年だから）と答えたという（2015年という新しい時代に配慮した、新しい内閣ということ）。

本書で取り上げている[illegible]のスピーチのほかにも、トルドーはインド系向けのディワリ（ヒンドゥー教徒の最大の祝祭）、中国系向けの春節（旧正月）、そしてもちろん感謝祭やクリスマスなど、カナダのあらゆる民族・宗教の祝い事の度にお祝いメッセージ動画を発表している。LGBTにも理解があり、ゲイパレードに参加したり、ゲイバーを訪問したこともある。これからも彼が、ダイバーシティ先進国としてのカナダを牽引していってくれそうだ。

ⓘ by Justin Trudeau – Prime Minister of Canada / CC BY 3.0

ジャスティン・トルドーの英語

滑舌がよくはっきりした話し方、日本人には理解しやすい

トルドーはカナダのオタワやモントリオールなどフランス語が使われることが多[illegible]フランス語の完璧なバイリンガル。元教師で演劇のクラスを受け持っていたというだけあって、滑舌がよくはっきりとした話し方をする。

カナダ人の英語は一般にアメリカ北部の英語に近いが、アメリカ英語に特徴的な、tの音がdやrに近くなるといったこともあまりなく、日本人にとっては聞き取りやすい。お手本としてまねするのにちょうどいいと言えるだろう。

18　　19

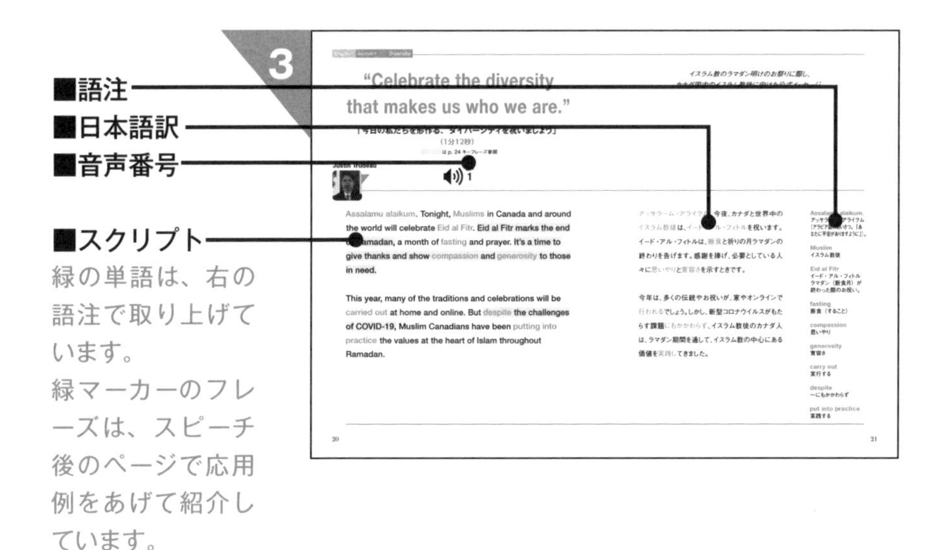

緑の単語は、右の語注で取り上げています。
緑マーカーのフレーズは、スピーチ後のページで応用例をあげて紹介しています。

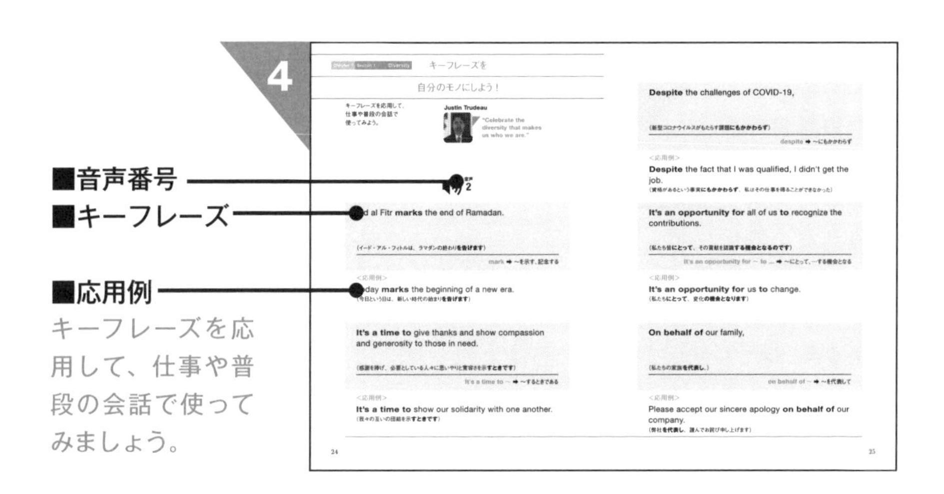

キーフレーズを応用して、仕事や普段の会話で使ってみましょう。

本書の構成と使い方

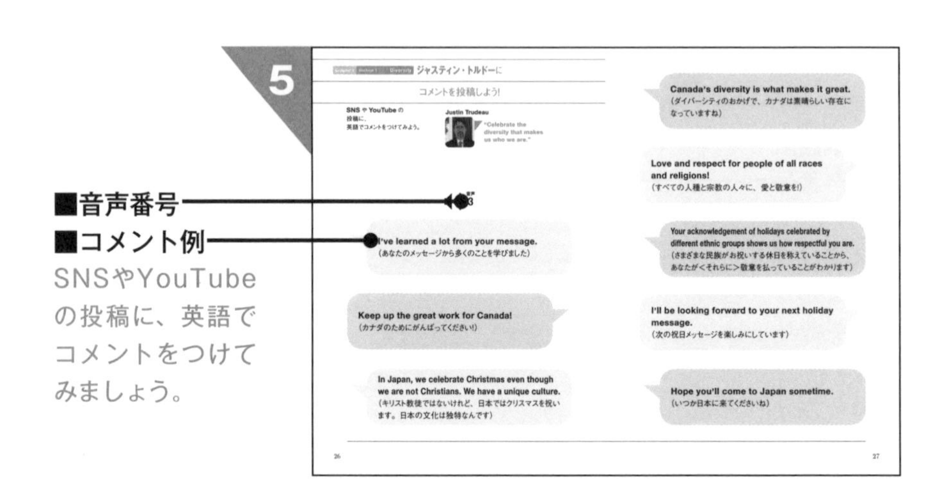
5
ジャスティン・トルドーに
コメントを投稿しよう!
Justin Trudeau
"Celebrate the diversity that makes us who we are."
■音声番号
■コメント例
SNSやYouTubeの投稿に、英語でコメントをつけてみましょう。
I've learned a lot from your message.
(あなたのメッセージから多くのことを学びました)
Keep up the great work for Canada!
(カナダのためにがんばってください!)
In Japan, we celebrate Christmas even though we are not Christians. We have a unique culture.
(キリスト教徒ではないけれど、日本ではクリスマスを祝います。日本の文化は独特なんです)
Canada's diversity is what makes it great.
(ダイバーシティのおかげで、カナダは素晴らしい存在になっていますね)
Love and respect for people of all races and religions!
(すべての人種と宗教の人々に、愛と敬意を!)
Your acknowledgement of holidays celebrated by different ethnic groups shows us how respectful you are.
(さまざまな民族がお祝いする休日を称えていることから、あなたが<それらに>敬意を払っていることがわかります)
I'll be looking forward to your next holiday message.
(次の祝日メッセージを楽しみにしています)
Hope you'll come to Japan sometime.
(いつか日本に来てくださいね)
26
27

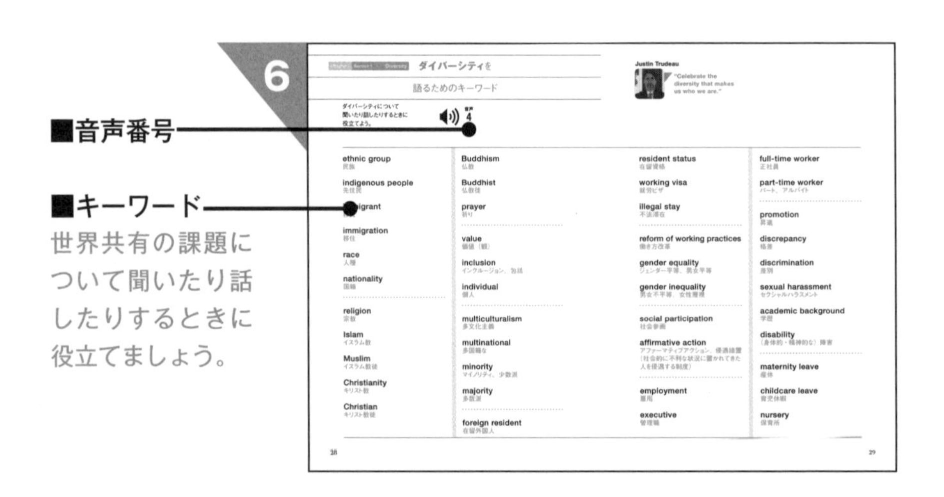
6
ダイバーシティを
語るためのキーワード
Justin Trudeau
"Celebrate the diversity that makes us who we are."
■音声番号
■キーワード
世界共有の課題について聞いたり話したりするときに役立てましょう。
ethnic group
indigenous people
immigration
race
nationality
religion
Islam
Muslim
Christianity
Christian
Buddhism
Buddhist
prayer
value
inclusion
individual
multiculturalism
multinational
minority
majority
foreign resident
resident status
working visa
illegal stay
reform of working practices
gender equality
gender inequality
social participation
affirmative action
employment
executive
full-time worker
part-time worker
promotion
discrepancy
discrimination
sexual harassment
academic background
disability
maternity leave
childcare leave
nursery
28
29

無料音声ダウンロード・ストリーミング利用の方法

～ナレーターによる音声～

1. PC・スマートフォンで本書の音声ページにアクセスします。

https://www.sanshusha.co.jp/np/onsei/isbn/9784384059946/

2. シリアルコード「05994」を入力。

3. 音声ダウンロード・ストリーミングをご利用いただけます。

＊ナレーターは、標準的なアメリカ英語、またはイギリス英語の発音で読んでいます。

スピーチ動画がある

URL 一覧

Chapter 1

■ Section 1　ジャスティン・トルドー「カナダ首相」
https://www.youtube.com/watch?v=o7c3NjRK2WE

■ Section 2　ジャシンダ・アーダーン「ニュージーランド首相」
https://www.youtube.com/watch?v=ne869F3sIuE

■ Section 3　オードリー・タン「台湾デジタル担当政務委員＜大臣＞」
https://youtu.be/hy3hAu3a8WE?t=2593

■ Section 4　ボリス・ジョンソン「イギリス首相」
https://twitter.com/BorisJohnson/
status/1243496858095411200?s=20

Chapter 2

■ Section 1　アレクサンドリア・オカシオ=コルテス「アメリカ下院議員」
https://www.youtube.com/watch?v=m5M8vvEhCFI

■ Section 2　アンドリュー・クオモ「ニューヨーク州知事」
https://www.youtube.com/watch?v=7rqy02qBEtk

Chapter 3

■ Section 1　モーリス・ウィリアムソン「元ニュージーランド国会議員」
https://www.youtube.com/watch?v=VRQXQxadyps

■ Section 2　ナレンドラ・モディ「インド首相」
https://www.youtube.com/watch?v=k7vTIMGO0_Q

■ Section 3　ジョー・バイデン「アメリカ大統領」
https://youtu.be/cTtKDN4LgL8?t=291

もくじ

もくじ

もくじ

Chapter 1　未来への希望が湧く

Section 1

ダイバーシティ

ジャスティン・トルドー

「カナダ首相」

■

Section 2

サステナビリティ

ジャシンダ・アーダーン

「ニュージーランド首相」

■

Section 3

デジタル社会

唐鳳（オードリー・タン）

「台湾デジタル担当政務委員<大臣>」

■

Section 4

新型コロナウイルス

ボリス・ジョンソン

「イギリス首相」

Diversity

ダイバーシティ

アメリカに生まれた「違いの価値」を認める概念

diversity（ダイバーシティ）は「多様性」という意味であり、性別・人種・国籍・民族・宗教・性的志向・学歴などによるさまざまな違いを受け入れることを指す。日本では企業の経営戦略の1つとして語られることが多いが、広く世界では、政治・経済・教育・文化などさまざまな分野で、他者のvalue（価値観）の違いを認めるという意図で使われる言葉だ。

ダイバーシティの考え方は、1964年、アメリカでCivil Rights Act（公民権法）が成立し、人種・性別・宗教などを理由とした差別を禁じたことに始まるとされる。1980年代には、人種や性別による違いを「価値」として認める概念がアメリカおよび欧米社会で重視されるようになり、さまざまな価値を包括的に受け入れるinclusion（インクルージョン）という語も使われるようになった。

移民の国でマイノリティの割合が高まる

immigrant（移民）の国であるアメリカは、白人が約72.4%、黒人が12.6%、アジア人が4.8%を占め、中南米諸国からの移民であるヒスパニック系は全体の16% となる。ヒスパニック系、アジア系などminority（マイノリティ、少数派）が増加しつつあり、その割合は、これからさらに高まると予測されている。

同じく移民の国であるカナダは、世界で初めてmulticulturalism（多文化主義政策）を導入した国だ。全国に200以上の民族を数え、人口の20%、すなわち5人に1人はカナダ以外の国で生まれた移民。トロントでは46%、バンクーバーでは40%と、大都市の半数近くを移民が占め、その多くはアジア系だ。フランス語を第一言語とする州があることから、公用語は英語とフランス語になっている。こういった国の政治家にとって、ダイバーシティは政策に欠かせない要素であり、カナダ首相のスピーチは、英仏両言語で行われる。

日本で暮らす外国人は約300万人

日本では、1972年に「男女雇用機会均等法」（英語ではEqual Employment Opportunity Law）が制定され、ダイバーシティは主に男女平等（gender equality）の問題として語られてきた。しかし、現在は在留外国人（foreign resident）の数が300万人近くとなり、中国・韓国に限らず、ベトナム、フィリピン、インドネシア、タイなど多彩な国からやってきている。中には、Muslim（イスラム教徒）など、日常の生活習慣が異なる人々も数多く含まれる。これから日本でも、民族や宗教に配慮したダイバーシティが求められることになりそうだ。

Justin Trudeau

Prime Minister of Canada

ジャスティン・トルドー

「カナダ首相」

男女半々内閣を実現、各宗教の祭事に祝辞を送る

2015年、ジャスティン・トルドーは43歳というカナダ史上2番目の若さで首相に就任した。父ピエール・トルドーは、1960年代から80年代にかけて15年間政権の座にあったカナダの名首相。名門の家の出で端正なルックスの持ち主、しかし職業は元高校教師で趣味はボクシングという親しみやすい一面を持ち、カナダ国民に熱狂的に迎え入れられた。

初の組閣では閣僚が男女半数ずつ、先住民の血を引く者や、元アフガニスタン難民の移住者も入閣し、diversity（多様性）への配慮を強調した。その理由を聞かれたトルドーは、"Because it's 2015."（2015年だから）と答えたという（2015年という新しい時代に配慮した、新しい内閣ということ）。

本書で取り上げているラマダン明けのスピーチのほかにも、トルドーはインド系向けのディワリ（ヒンドゥー教徒の最大の祝祭）、中国系向けの春節（旧正月）、そしてもちろん感謝祭やクリスマスなど、カナダのあらゆる民族・宗教の祝い事の度にお祝いメッセージ動画を発表している。LGBTにも理解があり、ゲイパレードに参加したり、ゲイバーを訪問したこともある。これからも彼が、ダイバーシティ先進国としてのカナダを牽引していってくれそうだ。

ジャスティン・トルドーの英語

滑舌がよくはっきりした話し方、日本人には理解しやすい

トルドーはカナダのオタワやモントリオールなどフランス語が使われることが多い都市で育ち、英語とフランス語の完璧なバイリンガル。元教師で演劇のクラスを受け持っていたというだけあって、滑舌がよくはっきりとした話し方をする。

カナダ人の英語は一般にアメリカ北部の英語に近いが、アメリカ英語に特徴的な、t の音がd やr に近くなるといったこともあまりなく、日本人にとっては聞き取りやすい。お手本としてまねするのにちょうどいいと言えるだろう。

“Celebrate the diversity that makes us who we are.”

「今日の私たちを形作る、ダイバーシティを祝いましょう」

(1分12秒)

は p. 24 キーフレーズ参照

Justin Trudeau

Assalamu alaikum. Tonight, Muslims in Canada and around the world will celebrate Eid al Fitr. Eid al Fitr marks the end of Ramadan, a month of fasting and prayer. It’s a time to give thanks and show compassion and generosity to those in need.

This year, many of the traditions and celebrations will be carried out at home and online. But despite the challenges of COVID-19, Muslim Canadians have been putting into practice the values at the heart of Islam throughout Ramadan.

イスラム教のラマダン明けのお祭りに際し、
カナダ国内のイスラム教徒に向けた公式メッセージ。

アッサラーム・アライクム。今夜、カナダと世界中のイスラム教徒は、イード・アル・フィトルを祝います。イード・アル・フィトルは、断食と祈りの月ラマダンの終わりを告げます。感謝を捧げ、必要としている人々に思いやりと寛容さを示すときです。

今年は、多くの伝統やお祝いが、家やオンラインで行われるでしょう。しかし、新型コロナウイルスがもたらす課題にもかかわらず、イスラム教徒のカナダ人は、ラマダン期間を通して、イスラム教の中心にある価値を実践してきました。

Assalamu alaikum.
アッサラーム・アライクム（アラビア語のあいさつ。「あなたに平安がありますように」）。

Muslim
イスラム教徒

Eid al Fitr
イード・アル・フィトル
ラマダン（断食月）が終わった際のお祝い。

fasting
断食（すること）

compassion
思いやり

generosity
寛容さ

carry out
実行する

despite
〜にもかかわらず

put into practice
実践する

They've been helping their neighbors by donating food and supplies to support those less fortunate and our essential workers have been putting in long hours, even while fasting.

So as Muslim Canadians mark this special day at home, it's an opportunity for all of us to recognize the contributions they have made and continue to make to our country.

Our government will always stand with Canada's Muslim communities and celebrate the diversity that makes us who we are. On behalf of our family, Sophie and I wish all those celebrating a joyful Eid al Fitr. Eid Mubarak.

スピーチ動画がある URL
https://www.youtube.com/watch?v=o7c3NjRK2WE

"Celebrate the diversity that makes us who we are."

音声 1

恵まれない人たちを支援するために、食べ物や必需品を寄付し、隣人たちを助けてきました。必要不可欠な仕事をする人々は、断食をしながらも、長時間の労働に置かれてきました。

ですから、イスラム教徒のカナダ人がこの特別な日を家で祝うときは、私たち皆にとって、彼らが国のために行ってきて、これからも続けていく貢献を認識する機会となるのです。

私たちの政府は、常にカナダのイスラム教徒コミュニティを支持し、今日の私たちを形作る、ダイバーシティを祝います。私たちの家族を代表し、ソフィーと私は、イード・アル・フィトルを祝う皆さんが、楽しいイード・アル・フィトルを過ごすことを願っています。イード・ムバラク。

supplies
生活必需品

essential
必要不可欠な

recognize
認識する

contribution
貢献

stand with~
~を支持する

diversity
ダイバーシティ、多様性

on behalf of~
~を代表して

Sophie
ソフィー。トルドーの妻。

Eid Mubarak.
イード・ムバラク
（アラビア語のあいさつ。「イードおめでとう」）。

キーフレーズを自分のモノにしよう！

キーフレーズを応用して、
仕事や普段の会話で
使ってみよう。

Justin Trudeau

"Celebrate the diversity that makes us who we are."

Eid al Fitr **marks** the end of Ramadan.

（イード・アル・フィトルは、ラマダンの終わり**を告げます**）

mark ➡ ～を示す、記念する

＜応用例＞

Today **marks** the beginning of a new era.
（今日という日は、新しい時代の始まり**を告げます**）

It's a time to give thanks and show compassion and generosity to those in need.

（感謝を捧げ、必要としている人々に思いやりと寛容さを示**すときです**）

It's a time to ～ ➡ ～するときである

＜応用例＞

It's a time to show our solidarity with one another.
（我々の互いの団結を示**すときです**）

Despite the challenges of COVID-19,

（新型コロナウイルスがもたらす課題**にもかかわらず**）

despite ➡ ～にもかかわらず

<応用例>

Despite the fact that I was qualified, I didn't get the job.
（資格があるという事実**にもかかわらず**、私はその仕事を得ることができなかった）

It's an opportunity for all of us **to** recognize the contributions.

（私たち皆**にとって**、その貢献を認識**する機会となるのです**）

It's an opportunity for ～ to ... ➡ ～にとって、…する機会となる

<応用例>

It's an opportunity for us **to** change.
（私たち**にとって**、変化**の機会となります**）

On behalf of our family,

（私たちの家族**を代表し**、）

on behalf of ～ ➡ ～を代表して

<応用例>

Please accept our sincere apology **on behalf of** our company.
（弊社**を代表し**、謹んでお詫び申し上げます）

ジャスティン・トルドーに
コメントを投稿しよう!

SNS や **YouTube** の
投稿に、
英語でコメントをつけてみよう。

Justin Trudeau

"Celebrate the diversity that makes us who we are."

I've learned a lot from your message.
(あなたのメッセージから多くのことを学びました)

Keep up the great work for Canada!
(カナダのためにがんばってください!)

In Japan, we celebrate Christmas even though we are not Christians. We have a unique culture.
(キリスト教徒ではないけれど、日本ではクリスマスを祝います。日本の文化は独特なんです)

Canada's diversity is what makes it great.
（ダイバーシティのおかげで、カナダは素晴らしい存在になっていますね）

Love and respect for people of all races and religions!
（すべての人種と宗教の人々に、愛と敬意を!）

Your acknowledgement of holidays celebrated by different ethnic groups shows us how respectful you are.
（さまざまな民族がお祝いする休日を称えていることから、あなたが＜それらに＞敬意を払っていることがわかります）

I'll be looking forward to your next holiday message.
（次の祝日メッセージを楽しみにしています）

Hope you'll come to Japan sometime.
（いつか日本に来てくださいね）

ダイバーシティを語るためのキーワード

ダイバーシティについて
聞いたり話したりするときに
役立てよう。

ethnic group
民族

indigenous people
先住民

immigrant
移民

immigration
移住

race
人種

nationality
国籍

---

religion
宗教

Islam
イスラム教

Muslim
イスラム教徒

Christianity
キリスト教

Christian
キリスト教徒

Buddhism
仏教

Buddhist
仏教徒

prayer
祈り

---

value
価値（観）

inclusion
インクルージョン、包括

individual
個人

---

multiculturalism
多文化主義

multinational
多国籍な

minority
マイノリティ、少数派

majority
多数派

---

foreign resident
在留外国人

Justin Trudeau

"Celebrate the diversity that makes us who we are."

---

resident status
在留資格

working visa
就労ビザ

illegal stay
不法滞在

reform of working practices
働き方改革

gender equality
ジェンダー平等、男女平等

gender inequality
男女不平等、女性蔑視

social participation
社会参画

affirmative action
アファーマティブアクション、優遇措置（社会的に不利な状況に置かれてきた人を優遇する制度）

employment
雇用

executive
管理職

full-time worker
正社員

part-time worker
パート、アルバイト

promotion
昇進

discrepancy
格差

discrimination
差別

sexual harassment
セクシャルハラスメント

academic background
学歴

disability
（身体的・精神的な）障害

maternity leave
産休

childcare leave
育児休暇

nursery
保育所

Sustainability

サステナビリティ

ビニール袋を使わないのも「持続可能な」行為

sustainability（サステナビリティ）は、日本語では「持続可能性」とも訳される。一見とっつきにくい言葉のように思えるが、スーパーの買い物でplastic bag（ビニール袋）を使わない、シャンプーなどはrefillable bottle（詰め替え容器）を使うといったことも、environmental protection（環境保護）に配慮したsustainable（サステナブルな＝持続可能な）行為となる。

サステナビリティの概念はそもそも、1987年にWorld Commission on Environmental and Development（環境と開発に関する世界委員会）が発表した“Our Common Future”（「我ら共有の未来」）という報告書に始まる。この報告書は、当時ノルウェー首相で同委員会の委員長であったグロ・ハーレム・ブルントラントの名を取り、Brundtland Report（ブルントラント報告書）とも呼ばれる。その中で、環境保護に配慮した節度ある開発として、sustainable development（持続可能な開発）という考え方が初めて世界に広く紹介されたのである。

サステナビリティは当初主に環境保護について唱えられていたが、現在は、education（教育）、health（健康）、well-being（福祉、幸福）、equality（平等）、peace（平和）といった、human activities（人間活動）のあらゆる面で

SDGsの「17の目標」を表す国連のマーク

の「持続可能性」が求められるようになってきている。

ニュージーランドでは「幸福予算」を打ち出す

2015年、United Nations Sustainable Development Summit（国連持続可能な開発サミット）で、SDGs（=Sustainable Development Goals、持続可能な開発目標）が発表された。17の目標と169のターゲットから成り、日本語でもそのままSDGs（エスディージーズ）と紹介されている。

renewable energy（再生可能エネルギー）の割合を高める、working environment（労働環境）を改善するといったこともサステナビリティ、SDGsの取り組みの一つとなり、各国の政治家たちが競ってその政策に取り入れるようになった。ニュージーランドのジャシンダ・アーダーン首相は、国民の健康や生活の質の向上を目指し、世界で初めてwell-being budget（ウェルビーイング予算=幸福予算）を打ち出した。カナダのトルドー首相は、2021年末までにdisposable plastic（使い捨てプラスチック）の使用を禁止すると発表している。

日本でも2020年度の新学習指導要領にSDGsが盛り込まれ、学校の授業で「どうすれば日々のゴミを減らすことができるか」といった問題に取り組んでいる。サステナビリティは、これからさらに身近なキーワードになっていくだろう。

Jacinda Ardern

Prime Minister of New Zealand

ジャシンダ・アーダーン

「ニュージーランド首相」

世界の注目を集めるNZ 史上最年少の首相

2017年、ジャシンダ・アーダーンは、37歳でニュージーランド史上最年少の首相に就任した。同国で3人目の女性首相である。若さと女性であるということだけでなく、規制の枠組みにとらわれないその大胆なリーダーシップに、世界の注目と国民の支持が集まっている。

まず、就任の翌年に妊娠を発表、6週間の産休を取り、世界で初めて、在任中に産休を取った首相となった。元テレビキャスターであるパートナーとは当時事実婚状態で、出産後、彼は首相である彼女の仕事を支える「専業主夫」となった(その後2019年に婚約)。2019年、クライストチャーチのモスクが銃撃されたテロ事件の際には、イスラム教徒の女性が身につけるヒジャブ(スカーフ)をかぶって遺族を訪問。“They are us.”(彼らは私たちと同じです)と語って、イスラム教徒も同じニュージーランド国民だと訴えた。ニュージーランドは先住民のマオリが暮らす国であり、彼女はスピーチで公用語の一つであるマオリ語を使ってあいさつする。SNS を活用し、自宅からすっぴん普段着で動画を投稿する。新型コロナの封じ込めにも成功し、アーダーン首相のおかげで、ニュージーランドそのものが、世界からその動向を注目される国となりつつあるのだ。

ジャシンダ・アーダーンの英語

イギリス英語に近いNZ の"キーウィ英語"

ニュージーランドは元イギリス領であり、その英語にはイギリス英語の影響が強い。例えば[t] の音が強めに聞こえる、[ei] が[ai] に近くなる、語末の[r] がなくなる(together は「トゥゲザー」ではなく「トゥゲザ」のようになる)といった特徴があり、ニュージーランドの国鳥kiwi から取ってKiwi English (キーウィ英語)と呼ばれたりする。ジャシンダ・アーダーン首相の話す英語からも、そういったキーウィ英語の特徴がわかるはず。日本人からすると、発音がはっきりしていてむしろ聞き取りやすくまねしやすいと言えるだろう。

“He waka eke noa, towards a better future together.”

「へ ワカ エケ ノア。共に、よりよい未来へ」

（4分3秒）

は p. 44キーフレーズ参照

Jacinda Ardern

Kia ora koutou katoa, he waka eke noa, which means towards a better future together. Together is an important word for us in New Zealand. It says a shared vision, it puts the people at the heart of policy decisions. It’s about building your happy, healthy, prosperous New Zealand which everyone can benefit from.

Togetherness is the core of our strategy to deliver well-being and recognizes the spheres of our lives. Our environment, our people, our economy are interconnected and interdependent.

2019年7月19日、国連のSDGsと
「持続可能な開発のための2030アジェンダ」達成状況について、
国民に語った動画メッセージ。

(マオリ語で)キア オラ コウトウ カトア、ヘ ワカ エケ ノア。つまり、共によりよい未来へ。「共に」は、ニュージーランドでは重要な言葉です。それは、共有されたビジョンを伝え、人々を政策決定の中心に置きます。それは、幸福で、健全な、繁栄したニュージーランドを築くことであり、皆がその恩恵を受けることができます。

「共にあること」は、幸福を提供するための戦略の核であり、私たちの生活の領域を認識します。私たちの環境、人々、経済は、相互に関連し、相互に依存しているのです。

Kia ora koutou katoa
(マオリ語で)
皆さん、こんにちは

he waka eke noa
共に取り組みましょう
(マオリ語で「共にカヌーに乗る」)

prosperous
繁栄した

benefit
恩恵を受ける

well-being
幸福、健康

sphere
領域、球体

interconnected
相互につながって

interdependent
相互に依存して

These same principles lie at the heart of the Sustainable Development Goals. I'm proud to present New Zealand's first voluntary national review on progress towards the Sustainable Development Goals. The report is a demonstration I hope of our strong commitment to the 2030 Agenda for Sustainable Development. New Zealand, as many know is richly blessed as a nation. We have tremendous physical and human resources. We are a diverse and agile nation. We are innovative and resilient.

But we also have our share of challenges. And one of these is to ensure that all New Zealanders achieve a decent standard of living and have a strong sense of well-being. Leaving no one behind requires openness and honesty about the challenges we face. And it is an approach we brought to our first review of the Sustainable Development Goals and to our domestic agenda.

"He waka eke noa,
towards a better
future together."

これら同じ原則が、持続可能な開発目標の中心にあります。持続可能な開発目標に向けた進捗状況について、ニュージーランドの最初の自主的な国家レビューを、誇りを持って発表します。この報告が、「持続可能な開発のための2030アジェンダ」に対する私たちの強いコミットメントを示すものであることを願っています。ニュージーランドは、多くの人がご存じのように、国として豊かに恵まれています。私たちには、とてつもない物的・人的資源があります。多様で、機敏な国家です。革新的で弾力性があります。

でも、私たちには共有すべき課題もあります。その1つは、すべてのニュージーランド人が立派な生活水準を達成し、強い幸福感を持っていると確実にすることです。「誰一人取り残さない」ということは、私たちが直面する課題に対する、率直さと誠実さが求められます。それが、持続可能な開発目標の最初のレビューと国内のアジェンダに対する、私たちのアプローチです。

Sustainable Development Goals
持続可能な開発目標
(＝SDGs)

voluntary
自発的な、自主的な

2030 Agenda for Sustainable Development
持続可能な開発のための2030アジェンダ
(国連がSDGsとともに発表した2030年までの指針)

tremendous
とてつもない

diverse
多様な

agile
機敏な

resilient
弾力性がある

decent
きちんとした、立派な

Leaving no one behind
誰一人取り残さない
(SDGsのスローガン)

domestic
国内の

As we transition to a sustainable, productive and inclusive economy, we do require a deeper understanding of the groups who will be most affected, so that we can ensure the right strategies are in place to support them. It does require us to do things differently. It requires solid disaggregated data to base decisions on and we've developed a new suite of statistical indicators, so called indicators Aotearoa New Zealand. They go beyond economics to incorporate social, cultural and environmental measures.

The indicators will provide a clear picture of New Zealand's overall well-being as well as a measure of our progress towards the Sustainable Development Goals. Alongside this, we've developed a new analytical framework that emphasizes the diversity of outcomes meaningful for New Zealanders. This Living Standards Framework, as it's called, will be part of our toolkit to analyze and assess policy options that enhance well-being and support New Zealand's achievement of the Sustainable Development Goals.

"He waka eke noa,
towards a better
future together."

音声 5

サステナブルで生産性の高い包括的な経済への移行に伴い、最も影響を受けるであろうグループをより深く理解することが求められています。それにより、彼らを支援するための正しい戦略が整っていると確信することができるのです。私たちは、別のやり方をする必要があります。意思決定のベースとなる堅固な細分化されたデータが必要であり、私たちは新しい一連の統計指標を策定しました。アオテアロア・ニュージーランド指標と呼ばれるものです。経済の枠を超え、社会、文化、環境対策を組み込みます。

この指標は、ニュージーランドの全体的な幸福度と、持続可能な開発目標に向けた進捗の度合いを、明確に表すでしょう。これと並行して、ニュージーランド人にとって意味のある、成果の多様性を強調するような、新しい分析的枠組みを作成しました。これは「生活水準フレームワーク」と呼ばれ、政策の選択肢を分析し、評価するツールキットの一部となります。幸福感を高め、ニュージーランドの持続可能な開発目標達成を支援します。

transition
移行する

inclusive
包括的な

in place
整って、正しい位置にあって

disaggregated
細分化された

a suite of ～
一連の～

Aotearoa
アオテアロア（マオリ語で「ニュージーランド」を指す）

emphasize
強調する

enhance
高める、強化する

New Zealand is strongly committed to being a leader and a constructive partner nationally and internationally, and the global effort to create a more sustainable and inclusive economy. We recognize that all Sustainable Development Goals are connected and cannot be achieved by governments alone.

This report, I hope also highlights our government's priorities, including working towards eradicating poverty, improving mental health, addressing inequalities, thriving in a digital age and transitioning to a low emission sustainable economy. These initiatives are crucial to achieving the Sustainable Development Goals.

"He waka eke noa,
towards a better
future together."

音声 5

ニュージーランドは、国内外においてリーダーであり、建設的なパートナーであること、そして、よりサステナブルで包括的な経済を生み出すためのグローバルな取り組みに、強くコミットしています。すべての持続可能な開発目標はつながっており、政府だけでは達成できないことを認識しています。

この報告書は、政府の優先事項も強調したものであることを願っています。それには、貧困撲滅、メンタルヘルスの向上、不平等への取り組み、デジタル時代における繁栄、低排出のサステナブル経済への移行などが含まれます。これらのイニシアティブは、持続可能な開発目標を達成するには極めて重要です。

constructive
建設的な

alone
〜だけで

eradicate
撲滅する

address
取り組む

inequality
不平等

thrive
繁栄する

low emission
低排出

crucial
極めて重要な

We know the cumulative value of small, incremental steps, the day to day decisions and actions that we make a difference and change people's lives. We've seen and heard inspiring stories of what New Zealand is doing already. And we want to bring all New Zealanders regardless of their circumstances or experience, along with us on the journey. In the spirit of Goals 17, we are committed to partnerships. Partnerships with Maori, the indigenous people of New Zealand, and partnerships with communities, with business and with our international friends.

We've made a good start. Our challenge is to continue this momentum together. He waka eke noa.

スピーチ動画がある URL
https://www.youtube.com/watch?v=ne869F3sIuE

"He waka eke noa,
towards a better
future together."

私たちは、小さい漸進的なステップに、累積的な価値があることを知っています。日々の決断と行動が、違いをもたらし、人々の生活を変えるのです。私たちは、ニュージーランドがすでに行っていることについて、刺激を受けるような話を見聞きしてきました。置かれている状況や経験に関係なく、すべてのニュージーランド人を、一緒に旅に連れてきたいと思っています。17の目標の精神に基づき、私たちはパートナーシップにコミットしています。ニュージーランドの先住民族であるマオリ族とのパートナーシップ、コミュニティ、ビジネス、そして国際的な友人とのパートナーシップです。

いいスタートを切りました。私たちの課題は、この勢いを共に続けていくことです。ヘ ワカ エケ ノア。

cumulative
累積的な

incremental
漸進的な

inspiring
刺激を受けるような

Goals 17
17の目標（SDGs の17の目標のこと）

indigenous
先住の

momentum
勢い、機運

キーフレーズを自分のモノにしよう！

キーフレーズを応用して、
仕事や普段の会話で
使ってみよう。

"He waka eke noa, towards a better future together."

I'm proud to present New Zealand's first voluntary national review.

（ニュージーランドの最初の自主的な国家レビュー**を、 誇りを持って発表します**）

I'm proud to present ～ ➡ ～を誇りを持って発表します

＜応用例＞

I'm proud to present the result of our efforts.
（我々の努力の成果**を、 誇りを持って発表します**）

It is an approach we brought **to** our first review of the Sustainable Development Goals.

（**それが、**持続可能な開発目標の最初のレビュー**に対する、私たちのアプローチです**）

It is an(/our) approach to ～ ➡ それが、～に対する＜私たちの＞アプローチである

＜応用例＞

It is our approach to making decisions.
（**それが、** 意思決定**に対する私たちのアプローチです**）

We do **require a deeper understanding of** the groups who will be most affected.

（最も影響を受けるであろうグループ**をより深く理解することが求められています**）

require a deeper understanding of ～ ➡ ～をより深く理解することを求める

<応用例>

We **require a deeper understanding of** the challenges we face.
（私たちが直面している課題**を、より深く理解することが求められています**）

New Zealand **is strongly committed to** being a leader.

（ニュージーランドは、リーダーであること**に強くコミットしています**）

be strongly committed to ～ ➡ ～に強くコミットしている

<応用例>

We **are strongly committed to** achieving the goal.
（私たちは目標を達成すること**に強くコミットしています**）

These initiatives **are crucial to** achieving the Sustainable Development Goals.

（これらのイニシアティブは、持続可能な開発目標を達成する**には極めて重要です**）

be crucial to ～ ➡ ～には極めて重要である

<応用例>

Managers **are crucial to** improving performances.
（マネージャーたちは、業績を高めるの**に極めて重要です**）

ジャシンダ・アーダーンに コメントを投稿しよう!

SNS や YouTube の
投稿に、
英語でコメントをつけてみよう。

Jacinda Ardern

“He waka eke noa,
towards a better
future together.”

Great to see another of your positive posts.
(またポジティブな投稿を見ることができてよかったです)

I admire the way you lead the country.
(あなたが国を率いる様子を賞賛しています)

You’re an example for us all!
(あなたはみんなにとってのお手本です!)

You are inspiring us in many ways.
（いろいろな意味で刺激を受けています）

You are absolutely stunning, and I wish all the best for your team!
（あなたは本当に素晴らしいですね、チームの皆さんを応援しています!）

Blessings from Japan! Keep the faith, and go for it!
（日本からこんにちは!　信念を持ってがんばってください!）

Love to hear your Maori greetings.
（マオリ語のあいさつを聞くのが楽しみです）

You stay up until late at night. Take care of yourself!
（夜遅くまで起きていますね。体に気をつけて!）

サステナビリティを語るためのキーワード

サステナビリティについて
聞いたり話したりするときに
役立てよう。

sustainable
サステナブルな、持続可能な

sustainable development
持続可能な開発

SDGs
持続可能な開発目標
(= Sustainable Development Goals)

environmental protection
環境保護

resources
資源

renewable energy
再生可能エネルギー

affordable
手ごろな価格の

alternative
代替の

solar energy
太陽エネルギー

solar photovoltaics
太陽光発電

hybrid vehicles
ハイブリッド車

organic food
有機食品

genetically modified food
遺伝子組み換え食品

fossil fuels
化石燃料

low emission
低排出

air pollution
大気汚染

contamination
汚染

dumping
投棄

waste
ゴミ、廃棄物

burnable waste
燃えるゴミ

non-burnable waste
燃えないゴミ

Jacinda Ardern

"He waka eke noa, towards a better future together."

disposable plastic
使い捨てプラスチック

refillable bottle
詰め替え容器

human rights
人権

corruption
腐敗、汚職

abuse
虐待

exploitation
搾取

well-being
幸福、健康

sanitation
（公衆）衛生

hygiene
衛生、健康法

reproductive health
リプロダクティブヘルス
（性と生殖にかかわる健康）

risk reduction
リスク低減

prevention
予防

treatment
治療

standard of living、living standard
生活水準

poverty eradication
貧困撲滅

literacy rate
識字率

vocational training
職業訓練

working environment
労働環境

Digital Society

デジタル社会

IoT（モノのインターネット）の時代に

self-driving car（自動運転車）に行先を告げると、自分で運転することなく目的地に着く。駅もお店も無人で、online payment（オンライン決済）で自動的にお金が引き落とされる……こんな未来が、数十年後にはやってくるのではないかと予測されている。IoT（モノのインターネット）に見られるような、information and communication technology（情報通信技術）発達のおかげだ。IoTにより、話しかけると消える照明、スマホで温度調整できるエアコンなどは、すでに実用化されている。これらがさらにevolution（進化）して、ホログラム（三次元映像）で会議に参加する、自動翻訳機で世界中の人と通訳を介さず話をするといったことが可能になると、考えられているのである。

5Gが社会を変える可能性が

マイクロソフト社のビル・ゲイツがWindowsを発売したのが1985年、アップル社のスティーブ・ジョブズが新しい携帯端末機器iPodを発表したのが2001年。それから現在までの変化を考えると、今後20年、30年の間に大きな変化があるだろうということは、容易に想像がつく。

近年特に話題になっているのは、5G（ファイブ・ジー）である。5Gとは5th

Generation（第5世代）の略で、日本語では「第5世代移動通信システム」という。通信速度はこれまでの4Gの20倍、同時に接続できるdevice（端末）の数は10倍となり、大容量の映画を楽々鑑賞することができる、virtual reality（仮想現実）の世界を屋外でも楽しむことができるといったメリットがあり、self-drivingや患者から離れたところで医師が治療を行うtelemedicine（遠隔医療）も、5Gのおかげで実現性が高まっているのである。

face-to-faceのよさが見直される

一方で、ネットワーク上の情報量が飛躍的に増えることでleakage（漏洩）のリスクが増加し、セキュリティのvulnerability（脆弱性）のためcyber attack（サイバー攻撃）を受けやすくなり、5Gにはより強固なsecurity measure（セキュリティ対策）が必要だという声もある。

そんな中で、アナログやface-to-face（対面式）のよさを見直す動きもある。若者が紙に手書きの手紙に楽しさを覚えたり、インスタントカメラで紙焼きの写真を撮ることに新鮮さを感じたりするのがその例だ。デジタル化の最先端を走る台湾のデジタル担当大臣オードリー・タンも、The face-to-face conversations is around understanding what people feel like.（対面式の会話は、人々が感じていることを理解することである）と、face-to-faceのよさを語っている。デジタルに抵抗がある人とのdigital divide（デジタル格差）の問題も指摘されており、冒頭に描いたような未来社会が本当に実現するのかどうか、慎重に見守る必要がありそうだ。

Audrey Tang

Political Commissioner for Digital (Ministerial Level) of Taiwan

唐鳳（オードリー・タン）

「台湾デジタル担当政務委員<大臣>」

最年少で閣僚となった天才デジタル大臣

オードリー・タンは幼い頃から独学でコンピューターを学び、14歳のとき、「教科書に書かれていることはすべて時代遅れだ」と、学校に通うのをやめた。インターネットを利用して自分で勉強を続け、ハッカーとして名をはせたこともあるという。その後自身でインターネット関連の企業を起こし、アメリカでアップル社の顧問などを務める。そして2016年、35歳のときにデジタル担当大臣に就任、台湾史上最年少の閣僚となったのである。

2020年、新型コロナウイルスが世界にまん延しつつある中、台湾は早期に「感染者ゼロ」を達成した。それは、一般市民がマスクの在庫データにアクセスできるようにするなど、オードリー・タンの進んだIT 政策によるところが大きい。

自身がトランスジェンダー（性自認と身体的な性が一致していない）であることを公表し、メディアではshe（彼女）と呼ばれているが、本人は性別は「無し」としている。Twitter の公式アカウントはあるが、「テクノロジーの奴隷になりたくない」と、スマートフォンは使わない。IQ180と噂されるが、「それは私の身長（180cm）のこと」とふざけてみせる。ユニークな言動で話題を集める天才デジタル大臣が次に何をするか、世界中が注目しているのである。

③ by daisuke1230 / CC BY-SA 2.0

オードリー・タンの英語

早口で理路整然、ユーモアも忘れない

母国語は台湾語（ホーロー語）だが、台湾華語（標準中国語）も流暢、頭の中で考えるときは英語という、ほぼトリリンガル。発音や使う表現などは、アメリカ人のものに近い。頭の回転の速さを表すかのように、早口でよどみなく話すので、初級者には聞き取りにくいかもしれないが、理路整然としていて内容は理解しやすい。わかりやすく具体例を挙げたり、自分を例に取って笑いを誘う工夫は、ぜひ参考にしたいものだ。

"Using 5G technology, people can feel that they are in this co-creation workshop."

「5G テクノロジーで、皆この共創ワークショップにいると感じることができる」

（3分21秒）

は p.62 キーフレーズ参照

Audrey Tang

Well, the advantage of online is two-fold, right. First, that we can see each other more clearly without wearing a medical mask. And, nowadays, and, and, the second thing is that it reduces carbon footprint, also very important. And speaking personally, because I adjust jetlag very slowly, it also is much better than long distance flight, because on average it takes me one day or more to adjust for one hour of jetlag difference. But that's just you know, selfish reason. The other two are public benefit.

In any case, the point I'm making is that mostly we can replace the knowledge sharing parts of face-to-face gatherings using online conference as we're having now. Or even in virtual reality where we can share knowledge about three-dimensional spatial objects and buildings and

2020/7/27
「日本外国特派員協会」が実施した
オンライン記者会見より抜粋。

あの、オンラインのメリットは2つありますね。まず、マスクをしなくても、お互いがよりはっきり見えること。その、今はですね。それで、2つ目は、二酸化炭素排出量を削減するということです。これも非常に重要です。個人的なことで言えば、私は時差ボケに順応するのがとても遅いので、(オンラインの会議は)長時間のフライトよりずっといいですね。1時間の時差に対応するのに、平均して1日かそれ以上かかるんです。でもそれは、あの、自分勝手な理由ですが。ほかの2つは、公的なメリットです。

いずれにせよ、私が言いたいことは、対面の集まりの知識を共有するという部分を、今ここでやっているように、オンライン会議でほぼ置き換えられるということです。あるいは仮想現実でも、三次元の空間

two-fold
2つの要素がある

carbon footprint
カーボンフットプリント、二酸化炭素排出量

jetlag
時差ボケ

selfish
自分勝手な

three-dimensional
三次元の

spatial
空間の

simulations and things like that. I even had a conversation with people in the primary and secondary schools by shrinking my own avatar in virtual reality to the same height as the kids. And that really made them much more eager to interact with me because I don't look a meter and 80 centimeters high anymore. And so these are the great thing about online, is that you can transcend the physical and acoustic rules.

But of course, there's parts of face-to-face that are not replaceable, for example, the face-to-face conversations, that is around understanding what people feel like. It's very important and in face-to-face conversations we often make, for example, food and drinks and music and things like that and making sure that we can feel that we are not only in the same place talking about some things, but feeling the same. And that is harder to replicate in an online way.

"Using 5G technology, people can feel that they are in this co-creation workshop."

の物体や建物、シミュレーションといったものについて、知識を共有することができます。仮想現実での私のアバターを、子どもたちと同じ身長に縮めることで、小学生や中学生たちと会話することもできます。そうすると、子どもたちは私とやりとりすることにずっと熱心になるんです。もう身長180cmには見えませんから。これが、オンラインの素晴らしいところです。物理的なルール、音の上でのルールを越えることができるのです。

しかしもちろん、対面には換えがたい部分があります。例えば、対面式の会話では、人の気持ちを理解することができます。それはとても大切なことで、対面式の会話では、例えば、食べ物や飲み物、音楽なんかを用意したりしますし、同じ場所で同じことについて話しているというだけでなく、同じことを感じていると確認することができます。オンラインでは、それを真似するのはかなり難しいですね。

eager
熱心な

transcend
越える、超越する

acoustic
音響の

replaceable
交換可能な

replicate
模写する、レプリカを作る

Although I guess we can order the same pizza delivery beforehand and have the same beer or something. It could of course be arranged and approximated, but it's not as natural as people gathering in the same face-to-face place.

So in Taiwan, because we never had the lockdown, what we have seen is that people avoid large gatherings when, during the pandemic. So we see educational facilities encouraged some kind of satellite structure where people gather in preferably outdoor place, keeping one meter distance that we don't have to wear mask, having food, enjoying drink together, and using large projectors or virtual reality to connect to many more such places.

"Using 5G technology, people can feel that they are in this co-creation workshop."

(オンラインで)前もって同じピザを注文しておいて、同じビールを飲むといったことはできるかと思いますが。もちろん、用意したり(対面に)近づけたりといったことはできますが、対面できる同じ場所に人が集まることほど、自然ではありません。

台湾ではロックダウンがなかったので、人々はパンデミックの間、大きな集まりを避けるようにしているのがわかりました。それで、教育施設は、サテライト構造のようなものを奨励しました。人が好んで屋外の場所に集まり、マスクをしなくて済むように1メートルのディスタンスを取り、一緒に食べて、飲むことを楽しみ、大きなプロジェクターや仮想現実を使って、ほかの多くのそういった場所とつながるのです。

approximate
近づける、接近させる

facility
施設

encourage
奨励する

So you can have the best of both worlds. Indeed, I'm working in the park in the Social Innovation Lab. So if you look out of the door, you can see people just holding such outdoor gatherings at any given time, they can just go through this place and look into there's a, "Hi," looking into my office and see very transparently how I'm working, why I'm working.

But at the same time, we can amplify these face-to-face conversations to various different municipalities, different places, using 5G technology, even to the most rural and highest mountains so that people can also feel that they are in this co-creation workshop, no matter how remote they are. So I think it's eminently possible to make it the best of both worlds happen if you design the interaction space appropriately.

スピーチ動画があるURL
https://youtu.be/hy3hAu3a8WE?t=2593

"Using 5G technology, people can feel that they are in this co-creation workshop."

ですから、2つの世界のいいとこどりができます。私は今実際に、ソーシャル・イノベーション・ラボのパークで働いています。ドアの外を見るといつでも、人が屋外で集まりをしているのが見えます。人はこの場所を通って、のぞくことができるんです（ドアの外にいる人に）「こんにちは」、私のオフィスの中をのぞいて、私がどんなふうに、なんの仕事をしているか、はっきりと見ることができるんです。

しかし同時に、5Gを使って、この対面式の会話を、さまざまな異なる自治体や、さまざまな場所に拡大することができます。とても辺鄙なところや、高い山々であってもです。そうすれば、どんなに遠隔地にいても、この共創ワークショップにいると感じることができます。ですから、交流の場を適切にデザインしさえすれば、2つの世界の最もよいところを同時に活用することは、大いに可能だと思います。

indeed
実際に、実に

park
パーク、共用スペース

Social Innovation Lab
ソーシャル・イノベーション・ラボ（オードリー・タンがオフィスを置いている台湾の施設）

transparently
透明に、わかりやすく

amplify
拡大する、増幅する

municipality
自治体、市当局

rural
辺鄙な、農村の

co-creation workshop
共創ワークショップ（自身のラボを指している）

eminently
大いに

キーフレーズを自分のモノにしよう！

キーフレーズを応用して、
仕事や普段の会話で
使ってみよう。

Audrey Tang

"Using 5G technology, people can feel that they are in this co-creation workshop."

The advantage of online **is two-fold**.

（オンラインのメリット**は2つあります**）

~be two-fold ➡ ~には2つの要素がある

＜応用例＞

The purpose of the project **is two-fold**.
（プロジェクトの目的**には、2つの要素があります**）

The point I'm making is that mostly we can replace the knowledge sharing parts of face-to-face gatherings.

（**私が言いたいことは、**対面の集まりの知識を共有するという部分を、ほぼ置き換えられるということです）

The point I'm making is that ~ ➡ 私が言いたいことは~

＜応用例＞

The point I'm making is that the quality isn't met.
（**私が言いたいのは、**品質が満たされてないということです）

There's parts of face-to-face **that** are not replaceable.

(対面**には**換えがたい**部分があります**)

There's (/There are) parts of ～ that ... ➡ …には～という部分がある

<応用例>

There are parts of the schedule **that** can be flexible.
(スケジュール**には**、フレキシブルにできる**部分もあります**)

You can have **the best of both worlds.**

(**2つの世界のいいとこどり**ができます)

the best of both worlds ➡ 2つのいいとこどり

<応用例>

If we pursue a lower price, we'll have to downgrade. We can't have **the best of both worlds**.
(低価格を追求するのであれば、グレードを下げないと。**2つのいいとこどり**はできません)

People can also feel that they are in this co-creation workshop, **no matter how** remote **they are.**

(人々はまた、**どんなに**遠隔地に**いても、**この共創ワークショップにいると感じることができます)

no matter how ～ XXX be ➡ どんなにXXX が～でも

<応用例>

We'll accomplish this, **no matter how** hard **the situation is**.
(**状況がどんなに**困難**でも、**私たちはこれをやり遂げます)

オードリー・タンに

コメントを投稿しよう！

SNS や **YouTube** の
投稿に、
英語でコメントをつけてみよう。

Audrey Tang

"Using 5G technology, people can feel that they are in this co-creation workshop."

You are a true genius. I admire your contribution to the world.
（真の天才ですね。世界への貢献を称えます）

I can see our future through your speech.
（あなたのスピーチから、私たちの未来が見えます）

I totally agree with you. The world is full of magic things!
（まったく賛成です。世界は素晴らしいことでいっぱいですね!）

The world is full of magic things. ➡ 詩人イェイツの言葉。
オードリー・タンが自身のインタビューの中で引用している。

Incredible! We need Audrey in Japan.
（素晴らしい！　日本にもオードリー＜あなたのような人＞が必要です）

Truly inspiring. Taiwanese people must be so proud of you.
（本当に刺激になります。台湾の人たちにとっての誇りですね）

I think Taiwan has great potential.
（台湾には素晴らしい可能性があると思います）

I respect your way of life. So much to learn.
（あなたの生き方を尊敬しています。学ぶことがたくさんあります）

Your English is super fluent. How is that possible?
（英語がすごく流暢ですね。どうしたらそんなことが可能なんでしょう？）

デジタル社会を語るためのキーワード

デジタル社会について
聞いたり話したりするときに
役立てよう。

音声 12

digitalization
デジタル化

virtual reality
仮想現実、バーチャルリアリティ

cyber space
サイバー空間

augmented reality
拡張現実

avatar
アバター（仮想現実の中で自分の分身となるキャラクター）

IoT=Internet of Things
モノのインターネット（家電や工場の機械など「モノ」をインターネットで接続する）

remote
リモート、遠隔の

cloud
クラウド（センターにあるデータを端末から利用すること）

device
デバイス、端末

medium
媒体（複数形は media ＜メディア＞）

storage
ストレージ、記憶装置

app
アプリ（application の略）

face-to-face
対面式の

digital divide
デジタルデバイド、デジタル格差

digital literacy
デジタルリテラシー（デジタル環境を使いこなす能力）

post
投稿、投稿する

like
いいね

display
ディスプレイ、表示する

hide
非表示にする

influencer
インフルエンサー（SNS などで影響力を持つ人）

Audrey Tang

"Using 5G technology, people can feel that they are in this co-creation workshop."

instagrammable
インスタ映え

5G
=5th Generation、第5世代移動通信システム

GPS
=global positioning system、全地球測位システム

communication speed
通信速度

large capacity
大容量

telecommunication
遠距離通信

information and communication technology
情報通信技術

coworking space
コワーキングスペース(シェアオフィス)

facility
施設

facilitate
促進する

remote work
リモートワーク、遠隔勤務

telework
テレワーク、在宅勤務

telemedicine
遠隔医療

self-driving car
自動運転車

online payment
オンライン決済

innovation
革新

evolution
進化

function
機能

automation
自動化

visualization
見える化

generate
生成する

Audrey Tang

"Using 5G technology, people can feel that they are in this co-creation workshop."

---

integrate
統合する

optimize
最適化する

initialize
初期化する

reboot
再起動する

private information
個人情報

leakage
漏洩

monitor
監視

cyber attack
サイバー攻撃

cyber crime
サイバー犯罪

vulnerability
脆弱性

security enhancement
セキュリティ強化

security measure
セキュリティ対策

security breach
セキュリティ違反

intellectual property rights (IPR)
知的所有権

copyright
著作権

infringement
違反、侵害

piracy
海賊行為、著作権侵害

counterfeit
偽造の、偽造する

COVID-19

新型コロナウイルス

世界的な流行「パンデミック」へ

2019年12月、中国の武漢で「新型コロナウイルス」がoutbreak（大流行）し、アジアからヨーロッパ、アメリカなどへと瞬く間にinfection（感染）が広がった。

英語では当初novel coronavirus（新型コロナウイルス）と呼ばれていたが、2020年2月、WHO（世界保健機構）がCOVID-19と名づけ（19は「2019」より）、以降、欧米のメディアではもっぱらCOVID-19（コウヴィッドナインティーン）と呼んでいる。

最初は「局地的な流行」という意味のepidemic（エピデミック）という語が使われていたが、3月にWHOが、世界各地で同時に流行するpandemic（パンデミック）であると宣言した。

各国政府が対応に追われる

2020年3月、イタリアやスペインなどヨーロッパの国々で感染が急拡大し、lockdown（ロックダウン＝都市封鎖）が行われた。ドイツやフランスもこれに続いたが、イギリスは当初、症状が出た一部の人だけを隔離するherd immunity（集団免疫）を取る作戦に出た。ジョンソン首相がMany more families are going to lose loved ones before their time.（さらに多くの家族が、愛

する人を定められた死期の前に失うだろう）と語ったことは有名だ。しかし、専門家らの反対を受け、結局はロックダウンによるcontainment（封じ込め）に向かうことになる。ただしスウェーデンのように、極端なロックダウンを行わない独自の路線を歩んだ国もある。

アメリカは、ヨーロッパに続いて感染が拡大し、やがて世界で最も感染者数が多い国となり、2021年3月には感染者数3,000万人を突破した。

Stay home が世界共通の合言葉に

世界的な感染拡大に伴い、stay (at) home（ステイホーム）が世界共通の合言葉となり、Protect your loved ones.（大切な人の命を守ろう）と呼びかけられた。

social distance（ソーシャルディスタンス）が奨励され、work from home（在宅勤務）でonline meeting（オンライン会議）をするのが当然のことのようになった。レストランでtakeaway（テイクアウト）の利用が増えたのも、どこの国でも同様の現象だ。対策としては各国が競ってvaccine（ワクチン）開発と接種を行い、これも世界中の人の共通の関心事となっている。post-COVID（アフターコロナ）の時代になっても、人々の意識や生活は、コロナ前とは大きく異なっていることだろう。

Boris Johnson

Prime Minister of the United Kingdom

ボリス・ジョンソン

「イギリス首相」

“庶民派”の顔を持つが、実は超エリート

髪はいつもボサボサ、首相官邸まで自ら自転車で通勤するなど、ボリス・ジョンソン首相は“庶民派”であることをアピールしているが、イギリスのパブリックスクールであるイートン校とオクスフォード大学を卒業、実は祖先に国王もいるという超エリートだ。大学卒業後はDaily Telegraph などイギリスの大手新聞で記者を務め、ジャーナリストとして政界で一目置かれるようになった。

2001年に国会議員となり、2008年にロンドン市長に就任。2012年のロンドンオリンピック開催時には、お祝いのパーティーに空から登場するパフォーマンスを見せるなど、何かと世間を騒がせるのが好きな人物だ（このパフォーマンスは失敗してジョンソンは宙づりのまま動けなくなり、それがさらに話題になった）。

2019年に首相に就任、女性やマイノリティを閣僚とするCabinet for modern Britain（モダン英国内閣）を築く。奇抜な言動がメディアで取り上げられることが多く、国民には絶大な人気がある。親愛の情を込め、皆が彼のことを「ボリス」とファーストネームで呼ぶほどだ。しかし、新型コロナウイルス対策の一方で、2020年1月に実行したBrexit（ブレグジット。イギリスのEU離脱）に伴う改革も進めなければならず、政権の課題は山積みだと言えそうだ。

④ by Foreign and Commonwealth Office / CC BY 2.0

ボリス・ジョンソンの英語

イギリス上流階級のRP がベース

親しみやすい口調でわかりやすく話すボリス・ジョンソン。ただし、イギリス上級階級の出身なので、発音も使う表現も、イギリスRP（Received Pronunciation＝容認発音）をベースとしている。RP は、イギリスの高い教養を持つ人たちの話し方で、王族もRP を使う。語末のr が発音されない（teacher は「ティーチャ」のようになる）といった特徴があるが、全体的にははっきりした発音で、この話し方に慣れれば、イギリスのニュースやドキュメンタリー番組を聞き取るのに役立つはずだ。

"I have tested positive for COVID-19."

「私は新型コロナウイルス陽性でした」

(2分12秒)

は p.80 キーフレーズ参照

Boris Johnson

Hi folks, I want to bring you up to speed with something that's happening today, which is that I've developed mild symptoms of the coronavirus, that's to say a temperature and a persistent cough.

And on the advice of the Chief Medical Officer, I've taken a test. That has come out positive. So, I am working from home. I'm self-isolating, and that's entirely the right thing to do. Uh, but be in no doubt that I can continue, thanks to the wizardry of modern technology, to communicate with all my top team to lead the national fightback against coronavirus.

2020年3月27日、
ジョンソン首相が自宅から公式ツイッターに動画をアップし、
自身が新型コロナウイルス陽性であることを伝えた。

こんにちは、皆さん。今日起こっていることを、皆さんにお知らせしたいと思います。私にコロナウイルスの軽い症状が出ました。つまり、熱が出て、せきがとまりません。

主席医務官のアドバイスで検査を受け、陽性と出ました。それで、在宅勤務をしています。私は自主隔離しています、これはまったくもって正しい行いだと言えます。あー、でも、現代の優れたテクノロジーのおかげで、私は間違いなく、トップチームの全員とコミュニケーションを取り続け、国家のコロナウイルスへの反撃を率いることができます。

bring ~ up to speed with ...
…について~に知らせる

mild symptom
軽い症状

to say
言わば、つまり

persistent
しつこい、続く

positive
陽性

work from home
在宅勤務をする

self-isolate
自主隔離する

wizardry
魔法、優れた様子

fightback
反撃

I wanna thank everybody who's involved. I want to thank, of course, above all our amazing NHS staff. It was very moving last night to join in that national clap for the NHS.

But it's not just the NHS. It's police, social care workers, teachers, everybody who works in schools, DWP staff. An amazing national effort by the public services but also by every member of the British public who's volunteering. Incredible response. 600,000 people have volunteered to take part in a great national effort to protect people from the consequences of coronavirus.

"I have tested positive for COVID-19."

音声 13

関係者の皆さんに感謝します。もちろん何よりも、素晴らしいNHS のスタッフに感謝します。ゆうべ、NHS への拍手に参加したことは、とても感動的でした。

でも、NHS だけではありません。警察、ソーシャルケアワーカー、教師、学校で働くすべての人、労働・年金省のスタッフ。公共サービスだけでなく、ボランティアで活動しているイギリス国民のすべてのメンバーによって、素晴らしい全国的な努力がなされています。信じられないほどの反応です。コロナウイルスのもたらす結果から人々を守るため、60万人の人々が、偉大な全国的な努力に、ボランティアで参加しています。

NHS
国民保健サービス(National Health Service)。無料で医療が受けられるイギリスの制度。

moving
感動的な

clap
拍手。Clap for our Carers(医療従事者に拍手を)という、イギリスで行われているキャンペーンのこと。

DWP
労働・年金省(Department for Work and Pensions)

take part in ~
~に参加する

consequence
結果

I want to thank you. I want to thank everybody who's working to keep our country going through this epidemic. And we will get through it. And the way we're going to get through it is, of course, by applying the measures that you'll have heard so much about. And the more effectively we all comply with those measures, the faster our country will come through this epidemic and the faster we'll bounce back.

So, thank you to everybody who's doing what I'm doing, working from home, to stop the spread of the virus from household to household. That's the way we're going to win. We're gonna beat it and we're going to beat it together. Stay at home. Protect the NHS. And save lives.

スピーチ動画がある URL
https://twitter.com/BorisJohnson/status/1243496858095411200?s=20

"I have tested positive for COVID-19."

音声 13

皆さんに感謝します。私たちの国がこのエピデミックを切り抜けることができるよう働いている皆さんに、感謝します。そして、私たちはそれを乗り越えます。それを乗り越える方法は、もちろん、皆さんがいろいろ聞いているような対策を取ることです。私たち皆がこれらの対策をより効果的に遵守すればするほど、我が国はより早くこのエピデミックを切り抜け、より早く立ち直ることができます。

ですから、家庭から家庭へウイルスが拡散するのを止めるため、私がしていること、つまり在宅勤務をしている皆さんに感謝します。それが、私たちが勝つための方法です。私たちは、それを打ち負かします。一緒に打ち負かすのです。ステイホーム。NHSを守りましょう。そして命を救いましょう。

epidemic
エピデミック（局地的な流行）

get through
乗り越える

measure
手段、対策

comply with~
~を遵守する

come through
切り抜ける、生き延びる

bounce back
立ち直る、回復する

household
家庭、世帯

beat
打ち負かす、撃退する

キーフレーズを自分のモノにしよう！

キーフレーズを応用して、
仕事や普段の会話で
使ってみよう。

"I have tested positive for COVID-19."

I want to **bring you up to speed with** something.

（**皆さんにお知らせし**たいことがあります）

bring you up to speed with ～ ➡ ～についてあなた方に知らせる

<応用例>

I'd like to **bring you up to speed with** our latest progress.

（最新の進展状況**をお知らせし**たいと思います）

That's entirely the **right thing to do**.

（それはまったくもって**正しい行い**です）

right thing to do ➡ 正しい行い

<応用例>

What you did was the **right thing to do**.

（あなたがしたことは**正しい行い**でした）

I wanna thank everybody **who's involved**.

（**関係者**の皆さんに感謝します）

who's involved ➡ 関係した人、関わった人

＜応用例＞

We need to talk to everybody **who's involved**.
（**関係者**全員に話をしなければ）

I want to thank everybody who's working to **keep** our country **going through** this epidemic.

（私たちの国**が**このエピデミック**を切り抜けることができるよう**働いている皆さんに、感謝します）

keep ～ going through ... ➡ ～が…を切り抜けられるようにする

＜応用例＞

This solution will **keep** your company **going through** difficult times.
（このソリューションにより、貴社**は**困難な時**を乗り越えることができます**）

That's the way we're going to win.

（**それが、**私たちが勝つ**ための方法です**）

that's the way ～ ➡ それが、～する方法です

＜応用例＞

That's the way we've always done it.
（私たちはいつも**この方法で**やってきました）

COVID-19 ボリス・ジョンソンに

コメントを投稿しよう!

SNS や **YouTube** の
投稿に、
英語でコメントをつけてみよう。

Boris Johnson

"I have tested
positive
for COVID-19."

It's good to know that you are fine now.
(今は元気だとわかってよかったです)

I've noticed you combed your hair. 
(髪の毛とかしましたね 😁)

comb ➡ 髪の毛をとかす

You are running the country through the toughest time in the modern history.
(近代の歴史の中で、最も困難なときに国を治めていますね)

I'd like to join in the "Clap for our Carers" of the world!
(世界中の医療従事者への拍手に加わりたいです!)

There's still a long way to go. Keep it up!
(長い道のりです。がんばってください!)

Hope the UK and Japan can be good partners.
(イギリスと日本がよいパートナーになれるといいですね)

I'm keeping a close eye on Brexit.
(ブレグジットをしっかり見守っているようにします)

I'm looking forward to your next move.
(次にやることを楽しみにしています)

next move ➡ 次の動き、次にやること

新型コロナを語るためのキーワード

新型コロナについて
聞いたり話したりするときに
役立てよう。

COVID-19
新型コロナウイルス

virus
ウイルス

infection
感染

outbreak
発生、アウトブレイク（大流行）

epidemic
エピデミック（局地的な流行）

pandemic
パンデミック（世界全体での流行）

first wave
第1波

get tested
検査を受ける

symptoms
症状

positive
陽性

negative
陰性

asymptomatic
無症状の

close contact
濃厚接触者

quarantine
隔離、隔離する

self-isolation
自主隔離

cluster
クラスター

source of infection
感染源

route of infection
感染経路

community transmission
市中感染

lockdown
ロックダウン（都市封鎖）

containment
封じ込め

curfew
外出制限

Boris Johnson

"I have tested positive for COVID-19."

collapse of the medical care system
医療崩壊

immune
免疫

herd immune
集団免疫

vaccine
ワクチン

vaccination
ワクチン接種

social distance
ソーシャルディスタンス

stay (at) home
ステイホーム

Three Cs
三密

closed spaces
密閉空間

crowded places
密集

close-contact settings
密接

disinfection
消毒

sanitizer
消毒液

(face) mask
マスク

gargle
うがい、うがいをする

work from home
在宅勤務、在宅勤務をする

takeaway
テイクアウト

online meeting
オンライン会議

post-COVID
アフターコロナ

new normal
新しい生活様式

column 1

30代・40代は当たり前!
世界の若きリーダーたちの台頭

トルドー43歳、アーダーン37歳、タン35歳と、いずれも異例の若さで国家を指導する立場に就いたが、実は若きリーダーの台頭は、世界で共通の現象とも言える。海外ニュースでよく取り上げられるキーパーソンを押さえておこう。

Emmanuel Macron　エマニュエル・マクロン
President of France（フランス大統領)。2017年、39歳のときにフランス史上最年少で大統領の座に就いた。ビジネスの世界で成功した経歴を持ち、「右派でも左派でもない政策」を掲げている。

Sebastian Kurz　セバスティアン・クルツ
Chancellor of Austria（オーストリア首相)。27歳で外相となり、2017年に31歳で首相に就任。世界で最年少の首相である。Wunderwuzzi（ドイツ語。英語では whizz-kid= 有能な若手）と呼ばれる。

Sanna Marin　サンナ・マリン
Prime Minister of Finland（フィンランド首相)。2019年、34歳で首相になった。フィンランド史上最年少、女性としては3人目。Rainbow Family（レインボーファミリー）と呼ばれる、同性パートナーの両親を持つ。

Katrín Jakobsdóttir　カトリン・ヤコブスドッティル
Prime Minister of Iceland（アイスランド首相)。元ジャーナリスト、教師。2017年、41歳で首相に就任。アイスランドでは2人目の女性首相。一人で歩いて官邸に通勤しているという。

Section 1

気候変動

アレクサンドリア・オカシオ＝コルテス

「アメリカ下院議員」

■

Section 2

ブラック・ライブズ・マター

アンドリュー・クオモ

「ニューヨーク州知事」

Climate Change

気候変動

1885年から上昇し続ける世界の気温

世界の平均地上気温は、1880年から2012年の間に、0.85℃上昇した。10年単位で見ると、1885年以降、世界の気温は右肩上がりで上昇し続けている。この主にglobal warming（地球温暖化）によって起こる気候の変化を、climate change（気候変動）と呼ぶ。

このまま地球温暖化が進めば、例えば21世紀末の日本では、1年のうち103日が日中の気温30℃以上の真夏日となる。sea level rise（海面上昇）により沿岸地域や小さい島々は水没してしまう。rainfall amount（降水量）が不安定になり、世界各地でflood（洪水）とdrought（干ばつ）のリスクが高まる。農作物にも影響が出て、food shortage（食糧不足）が起こるかもしれない。

温暖化は主に、carbon dioxide（二酸化炭素）などgreenhouse effect gas（温室効果ガス）によってもたらされる。石油や石炭などのfossil fuel（化石燃料）を消費する人間の活動により、大気中に二酸化炭素が放出される。また、木の伐採などによるdeforestation（森林破壊）のため、植物による二酸化炭素の吸収が減少し、温室効果ガスの増加に拍車をかけているのである。

「京都議定書」から「パリ協定」へ

「気候変動」という言葉が広く知られるようになったのは、1992年に国連がFramework Convention on Climate Change（＝FCCC、気候変動に関する国際連合枠組条約）を採択し、大気中の温室効果ガス濃度の問題に取り組むようになってからだ。1997年、条約締結国により京都で会議が開かれ、先進国間で国ごとに温室効果ガスの削減目標を定めたKyoto Protocol（京都議定書）がまとめられた。2015年には対象をすべての国連加盟国に広げたParis Agreement（パリ協定）が定められ、各国が削減目標と対策を自主的に設定することとなった。

世界各国が独自に取り組みを進める

パリ協定成立後、世界の指導者たちは競うように削減目標を掲げたが、トランプ政権下のアメリカは、経済を優先して一時パリ協定を離脱してしまう（バイデン政権下で復帰）。そんな中、2019年に若手米下院議員のアレクサンドリア・オカシオ＝コルテスらが、気候変動と経済不平等に同時に対処するGreen New Deal（グリーン・ニューディール）決議案を提出して話題を集めた。日本では、「2030年までに温室効果ガスの排出を2013年度比で26％削減する」という中期目標を設定し、decarbonation（脱炭素）への取り組みを進めている。一般市民も、「エコカー」「省エネ住宅」「省エネ家電」などを利用することで、パリ協定の目標達成に貢献できるのである。

Alexandria Ocasio-Cortez

US Representative

アレクサンドリア・オカシオ=コルテス

「アメリカ下院議員」

“最大の番狂わせ”を演じた最年少女性議員

2019年、アレクサンドリア・オカシオ=コルテスは29歳でアメリカ史上最年少の下院議員となった。母親はプエルトリコ出身、労働者階級の家庭で、最年少議員、しかも女性。当選後はメディアや他の議員のからかいの対象となることもあったが、毅然と対応する姿が国民の共感を招き、若者の熱狂的な支持を得た。

ニューヨークの下町ブロンクスの生まれで、名門ボストン大学で学んだが、卒業後は家計を支えるためウエイトレスやバーテンダーなどの仕事をかけもちした。一方で大統領候補者の選挙事務所でボランティアを務めるなどして政治を学び、2018年、下院議員を10期務めた現職候補を破ってニューヨークの民主党下院議員候補となった。そのときTIME誌は、2018年選挙の“the biggest upset”（最大の番狂わせ）と報じている。市民は親しみを込めて彼女をAOC（エイオーシー）と呼ぶ。労働者の味方であることを自認し、最低賃金引き上げをアピールするため、ニューヨークのレストランで1日バーテンダーをやってみせたこともある。

2019年、再生エネルギーへの投資と雇用創出を両立させる「グリーン・ニューディール」決議案提出の中心人物となった。コストが莫大であるとして実現には懐疑的な意見が多いが、AOCの主張は、今後も大いに注目を集めそうだ。

アレクサンドリア・オカシオ=コルテスの英語

力強いスピーチのお手本になる英語

両親がスペイン語を話すこともあり、オカシオ=コルテスは英語とスペイン語のバイリンガル。スペイン語でメディアのインタビューを受けることもある。

英語は標準的なアメリカ英語で、r の音が強い、a は[æ] の音になるといった特徴があるが、全体的には聞き取りやすい。最大の特徴は、堂々とした話しぶり、はっきりとしたメリハリ、まくしたてるときの強さなど。力強いスピーチを目指している人は、ぜひ彼女の英語を参考にしてほしい。

"Their desire for clean air and clean water is elitist?"

「きれいな空気と水への願いが、エリート主義だというのですか?」

(2分47秒)

は p.100 キーフレーズ参照

Alexandria Ocasio-Cortez

This is not an elitist issue. This is a quality of life issue. You wanna tell people that their concern and their desire for clean air and clean water is elitist?

Tell that to the kids in the South Bronx which are suffering from the highest rates of childhood asthma in the country. Tell that to the families in Flint, whose kids have their blood is ascending in lead levels, their brains are damaged for the rest of their lives, call them elitist. Tell them, you're telling them, that those kids are trying to get on a plane to Davos, people are dying, they are dying.

*2019/3/27アメリカ下院議会にて、
自らが提出した決議案
「グリーン・ニューディール」批判への反論*

これはエリート主義の問題ではありません。これは生活の質の問題です。きれいな空気や水への心配や願いを持つ人々に、それはエリート主義だと言いたいのですか?

国内で小児ぜんそくの割合が最も高いサウスブロンクスの子どもたちに、それを言ってください。フリントの家庭に言ってください。子どもたちの血液の鉛レベルが上昇していて、一生脳を損傷したままです。その子たちを、エリート主義者と呼んでやってください。その子たちがダボス行きの飛行機に乗ろうとしていると言うんですか?　人々は死にかけているんです。彼らは死にかけているんです。

elitist
エリート主義の

concern
心配、懸念

desire
願い、欲望

South Bronx
サウスブロンクス（ニューヨーク市ブロンクス区の南西地区。生活水準の低い住民が多いとされる）

asthma
ぜんそく

Flint
フリント（アメリカ、ミシガン州の都市。水質汚染による健康被害が広がっている）

Davos
ダボス（スイスの町。世界経済フォーラム「ダボス会議」が毎年開催される）

And the response across the other side of the aisle is to introduce an amendment five minutes before a hearing in a markup? This is serious. This should not be a partisan issue. This is about our constituents in all of our lives. Iowa, Nebraska, broad swathes of the Midwest are drowning right now, under water. Farms, towns that will never be recovered and never come back. And we're here. And, and people are more concerned about helping oil companies than helping their own families? I don't think so. I don't think so.

"Their desire for clean air and clean water is elitist?"

音声 17

議会の通路の反対側の反応は、公聴会の5分前に、マークアップで修正案を導入することですか? これは深刻な問題です。これは派閥問題であってはなりません。これは私たちのすべての生活における有権者のためのものです。アイオワ、ネブラスカ、中西部の広い範囲が、現在浸水しつつあります。農場も町も、復興することはありません、決して戻ってきません。そして、私たちはここでこうして(問題を話し合って)いるんです。それで、人々は自分の家族を助けることよりも、石油会社を助けることに関心があるというのですか? そうは思いません。そうは思いません。

aisle
通路(通路をはさんで向こう側に、反対する共和党議員たちが座っている)

amendment
修正(案)

hearing
公聴会

markup
マークアップ。法案の最終折衝

partisan
派閥の、党派の

constituent
有権者

swathe
牧草の刈り跡1区画、細長い土地

drown
浸水する、溺れる(2019年にアメリカ中西部で大洪水が起こった)

concerned
関心がある、心配して

This is about our lives. This is about American lives. And it should not be partisan. Science should not be partisan. This, we are facing a national crisis. And if we do not ascend to that crisis, if we do not ascend to the, to the levels in which we were threatened at the Great Depression, when we were threatened in World War II, if we do not ascend to those levels. If we tell the American public that we are more willing to invest and bail out big banks than we are willing to invest in our farmers and our urban families, then I don't know what we're here doing. I don't know what we're here doing.

"Their desire for clean air and clean water is elitist?"

音声 17

これは、私たちの生命の問題です。アメリカ人の生命です。派閥問題であってはなりません。科学は、派閥問題であってはなりません。このように、私たちは国家の危機に直面しています。私たちが上ってその危機に対処しなければ、世界大恐慌や第二次世界大戦で脅かされたときのレベルで対処しなければ、そういったレベルに上らなければ。農家や都市の家庭に投資するよりも、喜んで大手銀行に投資し救済するとアメリカ国民に言うのであれば、私たちがここで何をしているのか、私にはわかりません。私たちがここで何をしているのか、私にはわかりません。

ascend to ～
～に上る

the Great Depression
世界大恐慌

bail out
救済する

The government knew that climate change was real, starting as far back as 1989 when NASA was reporting this, and the private sector knew way back in the 1970s. So, we had until around the time I was born to address this issue. I wish it didn't have to cost so much. But I'm gonna turn thirty this year, and for the entire thirty years of my lifetime, we did not make substantial investments to prepare our entire country for what we knew was coming.

So now it's coming all up at the end. It's like when we live our whole lives, and we don't eat healthily, and we don't move and we pursue unhealthy activities. And then at the end of our lives, our healthcare costs are very high. We have the choice to lower the cost now, because I can tell you the cost of pursuing a Green New Deal will be far less than the cost of not passing it.

スピーチ動画がある URL
https://www.youtube.com/watch?v=m5M8vvEhCFI

"Their desire for clean air and clean water is elitist?"

音声 17

1989年にNASAが報告したときから、政府は気候変動が現実のものであることを知っていました。民間企業も1970年代には知っていました。つまり、私が生まれたころまでに、この問題に対処しなければならなかったのです。そんなにコストがかからなければいいのに、とは思います。しかし、私は今年で30歳になりますが、私の人生30年にわたって、これから起こるとわかっていたことに対して国家が備えるための、実質的な投資がされていませんでした。

それで、ついにすべてのことがわき出てきました。一生を生きる間に、健康的な食事をしない、動かない、不健康な活動を追求しているようなものです。そして人生の終わりには、医療費が非常に高くなっているというわけです。今、コストを下げる選択があります。グリーン・ニューディールを追求するコストは、(決議案を)通さないコストよりもはるかに低いのです。

NASA
アメリカ航空宇宙局
(1989年に米議会で異常気象について報告した)

private sector
民間企業、民間部門

substantial
実質的な

healthcare
医療、健康管理

キーフレーズを自分のモノにしよう！

キーフレーズを応用して、
仕事や普段の会話で
使ってみよう。

Alexandria Ocasio-Cortez

"Their desire for clean air and clean water is elitist?"

This should not be a partisan issue. **This is** about our constituents in all of our lives.

（**これは**派閥問題**であってはなりません。これは**私たちのすべての生活における有権者のためのもの**です**）

This should not be ～, this is ... ➡ これは～であってはならず、…です

＜応用例＞

This should not be temporary. **This is** a fundamental issue.
（**これは**一時的なもの**であってはなりません。これは**基本的な問題**です**）

People **are more concerned about** helping oil companies **than** helping their own families.

（人々は自分の家族を助けること**よりも**、石油会社を助けること**に関心がある**）

be more concerned about ～ than ... ➡ …よりも～に関心がある

＜応用例＞

People **are more concerned about** hygiene **than** before COVID-19.
（新型コロナウイルス前に比べ、人々は**より**衛生**に関心がある**）

The government **knew** that climate change was real, starting **as far back as** 1989.

（1989年**から**、政府は気候変動が現実のものであること**を知っていました**）

---

knew ~, as far back as ... ➡…のときから、~を知っていた

<応用例>

We **knew** their intentions **as far back as** 2017.
（私たちは彼らの意図**を**2017年**から知っていました**）

I wish it **didn't** have to cost so much.

（そんなにコストがかから**なければいいのに、とは思います**）

I wish ~ didn't ... ➡ ~が…でなければいいのに

<応用例>

I wish the accident **didn't** happen.
（事故が起こら**なければよかったのに**）

We did not make substantial investments **to prepare** our entire country **for** what we knew was coming.

（国家**が**これから起こるとわかっていたこと**に対して備えるための**、実質的な投資がされていませんでした）

---

to prepare ~ for ... ➡ ~が…に備えるために

<応用例>

We asked for help **to prepare** the room **for** the meeting.
（部屋**を**会議**に備えるために**、手伝いを呼んだ）

アレクサンドリア・オカシオ=コルテスに
コメントを投稿しよう！

SNS や **YouTube** の
投稿に、
英語でコメントをつけてみよう。

Alexandria Ocasio-Cortez

"Their desire for clean air and clean water is elitist?"

音声 **19**

You're an inspiration for the world.
（あなたは世界にインスピレーションを与えてくれます）

Thank you for being such a great example!
（素晴らしいお手本になってくれてありがとう!）

I wish more politicians fought for us the way you do.
（もっと多くの政治家が、あなたのように闘ってくれるといいのだけれど）

You are standing up for people with no voice.
（声なき人々のために立ち上がっていますね）

You have a brilliant future ahead of you.
（あなたの前には、輝かしい未来が開けていますね）

What’s the secret of your strength?
（あなたの強さの秘訣は何ですか?）

I hope the Green New Deal will be a success.
（グリーン・ニューディールの成功を願っています）

You look amazing in red lipstick! 
（赤い口紅がとてもステキですね!）

気候変動を

語るためのキーワード

気候変動について
聞いたり話したりするときに
役立てよう。

global warming
地球温暖化

greenhouse effect gas
温室効果ガス

carbon dioxide
二酸化炭素

methane gas
メタンガス

fossil fuel
化石燃料

ozone layer depletion
オゾン層破壊

thermal power generation
火力発電

hydraulic power generation
水力発電

nuclear power generation
原子力発電

decarbonation
脱炭素

carbon footprint
カーボンフットプリント、二酸化炭素排出量

emission reduction
排出量削減

natural disaster
自然災害

abnormal weather
異常気象

rain forest
熱帯雨林

deforestation
森林破壊、森林伐採

forest fire
森林火災

acid rain
酸性雨

wildlife
野生生物

natural resources
天然資源

endangered species
絶滅危惧種

wild species
自然種

Alexandria Ocasio-Cortez

"Their desire for clean air and clean water is elitist?"

genetic resources
遺伝資源

rural area
農村地域、辺境地域

agriculture
農業

crops
穀物、作物

livestock
家畜

sea level rise
海面上昇

ocean heat
海洋熱

thermal expansion
熱膨張

ocean acidification
海洋酸性化

water conservation
水保全

rainfall amount
降水量

fishery
漁業

flood
洪水

drought
干ばつ

heavy rain
豪雨

high tide
高潮

landslide
土砂崩れ

avalanche
雪崩

disaster prevention
防災

crop failure
不作

food shortage
食糧不足

food price volatility
食糧価格変動

Alexandria Ocasio-Cortez

"Their desire for clean air and clean water is elitist?"

Kyoto Protocol
京都議定書

Paris Agreement
パリ協定

agreement
同意、協定、条約

convention
会議、条約、協定

treaty
条約

transboundary
国境を越えた

---

infrastructure
インフラ

heat island phenomenon
ヒートアイランド現象

heat wave
熱波、酷暑

recycling society
循環型社会

energy saving
省エネの

eco(-friendly) car
エコカー

eco(-friendly)
electrical home appliance
エコ家電

---

day when the temperature rises 30°C or higher
真夏日

hot night when the temperature does not fall below 25°C
熱帯夜

BLM

ブラック・ライブズ・マター

ジョージ・フロイド事件に端を発した抗議運動

2020年5月25日、アメリカのミネソタ州ミネアポリスで、African American（アフリカ系アメリカ人）の黒人男性ジョージ・フロイドが、白人警察官に首を圧迫されて死亡した。偽札を使用した疑いで逮捕された際の出来事で、警察官はフロイドが動かなくなった後も、首を押さえつけることを止めなかった。

通行人がこの様子を撮影してSNSに動画を投稿し、全米に一気にprotest（抗議運動）が広まった。その時に盛んに使用されたスローガンが、Black Lives Matter（ブラック・ライブズ・マター=BLM）である。Black Lives（黒人の命）が主語、Matter（大事である）が動詞で、「黒人の命は大事だ」「黒人の命を尊重せよ」といった意味になる。

ハッシュタグがSNS上で広まる

Black Lives Matterという言葉そのものは、2012年から使われていた。その年、フロリダ州に住むアフリカ系アメリカ人の高校生が、武器を所持していなかったにもかかわらず、不審者と見なされて自警団員に射殺された。この事件を知った公民権運動家の女性が、SNSに“Black lives matter.”という言葉を含むメッセージを投稿。以降、discrimination against black people（黒人差別）に抗議する投稿に、#BlackLivesMatterまたは#BLMというハッシュタグが使われるようになったのである。

このメッセージが拡散し、ジョージ・フロイド事件が激しい抗議運動に展開したのは、アメリカで類似の事件が多数発生していたからである。多くは白人警察官により黒人に対し過剰な暴力が行われたというもので、1992年に起こったLos Angeles Riots（ロサンゼルス暴動）は、ロドニー・キングという黒人男性が白人警察官に重傷を負わされた事件に端を発する。

大坂なおみは被害者の名前をマスクに書いた

ジョージ・フロイド事件は新型コロナ感染による外出制限の時期と重なっていたが、イギリスやドイツ、フランスなどでも抗議のdemonstration（デモ）が行われ、人々は「Black Lives Matter」「BLM」と書かれたプラカードを持って行進した。日本でも、一部でデモ行進が行われていた。

プロテニス選手の大坂なおみは2020年の全米オープンで、不当な暴力により殺害された黒人被害者らの名前をマスクに記して抗議を表明した。ニューヨークではクオモ州知事がPolice Reform Law（警察改革法）を成立させ、抗議運動の参加者らに“You won.”（君たちの勝ちだ）と告げた。BLM運動をきっかけに、日本でも多くの人がracial discrimination（人種差別）の問題に目を向けるようになってきたと言えるだろう。

Andrew Cuomo
Governor of New York State

アンドリュー・クオモ
「ニューヨーク州知事」

力強いリーダーシップで人気急上昇

2020年3月、アメリカ、ニューヨーク州で新型コロナウイルス感染が流行の兆しを見せると、早々にstate of emergency（緊急事態宣言）を発し、州内での感染爆発を早期に抑え込んだ。当時のトランプ大統領がニューヨーク州封鎖を検討していると発表すると、「連邦政府からのdeclaration of war（宣戦布告）だ」と強硬に非難し、封鎖は実現されなかった。緊急時に力強いリーダーシップを示して国民からの支持が急増している。

ニューヨーク州検事総長を経て、2011年に州知事に就任。父親も元ニューヨーク州知事で、元妻はケネディ家の一員。弟はCNNの人気キャスターと、絵に描いたようなエリート一族の出身だが、州知事就任早々、州の同性愛婚を認める法律を成立させるなど、リベラルな行動派として知られている。ほぼ毎日、定例記者会見を開いており、2020年5月に黒人差別に対する抗議運動が発生した際も、即座に会見で抗議運動への支持を表明した。データや事実に基づく冷静な話しぶりが好感を呼び、クオモの会見がテレビやネットで始まるのを楽しみにしている人もいるという。現在独身だが、元妻との間に3人の娘がいて、SNSに家族の写真をアップ、「よきパパ」としての素顔もアピールしている。

⑥ by Pat Arnow / CC BY-SA 2.0

アンドリュー・クオモの英語

淡々とした物静かな語り口が魅力

クオモの定例記者会見は、Good morning. It is a beautiful morning today.（おはようございます。今日はステキな朝ですね）といったように、拍子抜けするくらいおっとりした調子で始まる。強気な発言で知られているが、どちらかというと淡々とした物静かな語り口で、その落差がまた魅力とされている。標準的なアメリカ英語を話すが、ニューヨーク生まれ・ニューヨーク育ちで、new の音が「ヌー」に近くなるなど、ニューヨーカーならではのクセにも注意しながら聞いてみてほしい。

“It shouldn’t take this long to end basic discrimination and basic injustice.”

「基本的な差別と基本的な不正を終わらせるのに、こんなに長くかかるべきではない」

(4分20秒)

は p.120 キーフレーズ参照

Andrew Cuomo

I wanna make one point about the larger context of what’s going on in Minneapolis today, which I’m sure is very distressing to all of us. And I wanna begin by offering our personal thoughts and prayers to the family of George Floyd on behalf of all New Yorkers who have seen that incredible video. We can imagine your pain and you are in our thoughts and prayers.

I would also suggest that when we think about this situation and we start to analyze the situation and the reaction. Let’s not make the same mistake that we continually make, which is we tend to see incidents. This is an incident, an isolated incident. People focus on an isolated incident.

*2020/5/30の定例記者会見にて、
ミネアポリスでの
アフリカ系アメリカ人ジョージ・フロイド殺害事件に言及。*

今日ミネアポリスで起きていることには、より広い文脈があることを指摘したいと思います。それは確かに、私たち皆にとって、非常に痛ましいことです。まず、あの信じられないようなビデオを見たすべてのニューヨーカーに代わり、ジョージ・フロイドのご遺族に、心を込めて私たちの思いと祈りを捧げます。あなた方の痛みは想像し得るものです、あなた方は、私たちの思いと祈りと共にいます。

また、この状況について考え、この状況と反応を分析するにあたり、提案をします。同じ過ちを犯さないようにしましょう。私たちは過ちを犯し続けてきました。出来事をそう見がちなのです。これは1つの出来事だ、孤立した出来事なのだと。人は、孤立した出来事に目を向けてしまいます。

what's going on in Minneapolis today
今日ミネアポリスで起きていること（ミネアポリスの抗議運動を指す）

distressing
痛ましい

on behalf of ～
～に代わって

that incredible video
あの信じられないようなビデオ（白人警官がジョージ・フロイドの首を圧迫する様子を収めたビデオ）

incident
出来事、小事件

isolated
孤立した

It's not an isolated incident. It's a continuum of cases and situations that have been going on for decades, and decades, and decades.

These are just chapters in a book. And the title of the book is *Continuing Injustice and Inequality in America*, and these are just chapters. The chapters started modern day Rodney King in Los Angeles, 1991. Abner Louima in New York, 1997. Amadou Diallo in New York, 1999. Sean Bell in New York, 2006. Oscar Grant, Oakland, California, 2009. Eric Garner, New York City, 2014. Michael Brown, Missouri, 2014. Laquan McDonald, Chicago, 2014. Freddie Gray, Baltimore, 2015. Antwon Rose, Pittsburgh, 2018. Ahmaud Aubrey in Georgia, 2020. Breonna Taylor in Kentucky, 2020. George Floyd in Minneapolis, 2020.

"It shouldn't take this long to end basic discrimination and basic injustice."

音声 21

これは、孤立した出来事ではありません。これは、何十年も、何十年も、何十年も続いてきた、一連の事件、状況なのです。

これらはまさに、1冊の本の複数の章です。本のタイトルは、『アメリカの絶え間ない不正と不平等』であり、これらがまさにその章です。これらの章は、現代では1991年、ロサンゼルスのロドニー・キングに始まりました。1997年、ニューヨークのアブナー・ルイマ。1999年、ニューヨークのアマドゥ・ディアロ。2006年、ニューヨークのショーン・ベル。2009年、カリフォルニア州オークランドのオスカー・グラント。2014年、ニューヨークのエリック・ガーナー。2014年、ミズーリのマイケル・ブラウン。2014年、シカゴのラカン・マクドナルド。2015年、ボルティモアのフレディ・グレイ。2018年、ピッツバーグのアントワン・ローズ。2020年、ジョージアのアフマド・アーベリー。2020年、ケンタッキーのブレオナ・テイラー。2020年、ミネアポリスのジョージ・フロイド。

continuum
連続

injustice
不正

inequality
不平等

Rodney King
ロドニー・キング（警官に悪質な暴行を受けた黒人男性。ロサンゼルス暴動のきっかけとなった）※以下被害者については p.128に掲載。

That's, that's why the outrage. That's why the frustration and the anger. It is not about one situation. It's about the same situation happening again, and again, and again, and again. And seeing the same thing and not learning the lesson.

And then is that happening in a broader context and a broader circumstance which is what's going on with the coronavirus. Which affects and kills more minorities than anyone else. You look around this country and you look at the people who are dying of the coronavirus. It is disproportionate African-American people. And it's just a continuing injustice and that's the frustration and that's the protests.

Nobody is sanctioning the arson, and the thuggery, and the burglaries. But the protesters, and the anger, and the fear, and the frustration? Yes. Yes. And the demand is for justice.

"It shouldn't take this long to end basic discrimination and basic injustice."

それで、それで憤りが起こるのです。だから、不満があり、怒りがあるのです。1つの状況についてだけではありません。何度も、何度も、何度も、何度も起こっている同じ状況についてなのです。同じ状況を目にすること、何も学んでいないことについてです。

そして、より広い文脈、より広い状況では、コロナウイルスについても、それが起こっているのです。誰よりもマイノリティに影響し、彼らを死なせています。この国を見回して、コロナウイルスで死んでいる人を見てください。アフリカ系アメリカ人の人々の割合が高いのです。まさに、不正が続き、不満が募り、抗議が起こっているのです。

放火や暴行、強盗を認める人はいません。でも、抗議運動をする人、怒り、恐れ、不満に対しては？　ええ、認めましょう。彼らが求めるのは正義なのです。

outrage
憤り、憤慨

circumstance
状況、事情

disproportionate
不釣り合いな

sanction
認める

arson
放火

thuggery
暴行

burglary
強盗、侵入盗

And when the prosecutor came out and said, well, there's other evidence, but I can't tell you anything more than that. That only incited the frustration. Injustice in the justice system. How repugnant to the concept of America. And over, and over, and over again. I stand figuratively with the protestors. I stand against the arson, and the burglary, and the criminality. I stand with the protesters and I think all well-meaning Americans stand with the protesters. Enough is enough. How many times do you have to see the same lesson replayed before you do something?

This country is better than this. It has been better than this and it shouldn't take this long to end basic discrimination and basic injustice.

スピーチ動画がある URL
https://www.youtube.com/watch?v=7rqy02qBEtk

"It shouldn't take this long to end basic discrimination and basic injustice."

音声 21

検察官が出てきて、さて、ほかにも証拠がありますが、私にはそれ以上のことが言えませんと言ったら?それはただ、不満を募らせるだけのことです。司法制度の中での不正です。アメリカのコンセプトと、なんと矛盾していることでしょう。そして再び、再び、再び起こっています。私は言わば、抗議運動者と共に立っています。放火、強盗、犯罪行為には立ち向かいます。抗議運動者は支持します、すべての善意あるアメリカ人は、抗議運動者たちを支持すると思います。もうたくさんです。何かをする前に同じ教訓が繰り返されるのを、何回見なければならないのでしょう?

この国は、もっといい国のはずです。これまでもっといい国でしたし、基本的な差別と基本的な不正を終わらせるのに、こんなに長くかかるべきではありません。

prosecutor
検察官

there's other evidence
ほかにも証拠があります(黒人に暴力を働いた警官の多くが、裁判で無罪になったことに言及している)

incite
駆り立てる

repugnant
矛盾した、非常に不快な

figuratively
比ゆ的に

criminality
犯罪行為

well-meaning
善意ある

discrimination
差別

キーフレーズを自分のモノにしよう！

キーフレーズを応用して、
仕事や普段の会話で
使ってみよう。

Andrew Cuomo

"It shouldn't take this long to end basic discrimination and basic injustice."

I wanna **begin by** offering our personal thoughts and prayers to the family of George Floyd.

（**まず、**ジョージ・フロイドのご遺族に、心を込めて私たちの思いと祈りを捧げます）

begin by ～ ➡ ～から始めます

＜応用例＞

I'd like to **begin by** thanking you for being here today.
（まず、本日おいでいただいたことに感謝すること**から始め**たいと思います）

Let's not make the same mistake that we continually make.

（何度も犯してきた同じ過ちを犯さ**ないようにしましょう**）

Let's not ～ ➡ ～しないようにしましょう

＜応用例＞

Let's not talk about the issue of delay.
（遅延の問題については話さ**ないことにしましょう**）

I stand figuratively **with** the protestors. **I stand against** the arson.

(私は言わば、抗議運動者**と共に立っています**。放火**には立ち向かいます**)

I stand with ～. I stand against ～ ➡ ～を支持し、～に反対します

<応用例>

I stand with your team. **I stand against** wage reduction.
(あなた方のチーム**を支持します**。賃金削減**には反対です**)

How many times do you have to see the same lesson replayed **before** you do something?

(何かをする**前に**同じ教訓が繰り返されるのを、**何回**見なければならない**のでしょう**?)

How many times ～ before … ➡ …の前に何回～のでしょう

<応用例>

How many times do we have to tell you **before** you understand?
(わかってもらう**のに**、**何回**お話しすればいい**のでしょう**?)

It shouldn't take this long to end basic discrimination and basic injustice.

(基本的な差別と基本的な不正を終わらせる**のに、こんなに長くかかるべきではありません**)

It shouldn't take this long to ～ ➡ ～するのに、こんなに長くかかるべきではない

<応用例>

It shouldn't take this long to get results.
(結果を得る**のに、こんなに長くかかるべきではない**)

アンドリュー・クオモに
コメントを投稿しよう！

SNS や YouTube の
投稿に、
英語でコメントをつけてみよう。

Andrew Cuomo

"It shouldn't take this long to end basic discrimination and basic injustice."

I admire and respect your work.
（あなたの仕事ぶりに感服し、尊敬しています）

I'm in Japan, and I love watching your briefings.
（私は日本にいますが、あなたの会見を見るのを楽しみにしています）

Keep up the effort for the people of New York.
（ニューヨークの人々のために努力を続けてください）

I hope justice will be done.
(正義がなされることを願っています)

Great job! Stay encouraged.
(よくやってますね!　これからもがんばってください)

encouraged ➡ 勇気づけられて、励まされて

You are a voice of reason in this difficult time.
(この困難な時にあって、あなたは理性の声です)

Take some good rest, you deserve it.
(よいお休みを取ってください。あなたにはその資格があります)

You must be a great dad.
(きっとステキなパパなんですね)

BLMを語るためのキーワード

人種差別について
聞いたり話したりするときに
役立てよう。

black、black people
黒人

African American
アフリカ系アメリカ人（主に黒人だが、黒人だけとは限らない）

race
人種

racism
人種差別主義

racist
人種差別主義者

Caucasian
白色人種（「コーカサスの」という意味もある）

white supremacism
白人至上主義

discrimination
差別

discriminative
差別的な

prejudice
先入観、偏見

bias
偏見、偏向

segregation
分離、隔離

friction
摩擦、あつれき

affirmative action
アファーマティブアクション、優遇措置（差別を受けている者を優遇する制度）

activist
活動家

civil rights
市民権、公民権

protest
抗議、抗議する

protest (movement)
抗議運動

demonstration
デモ

demonstrator
デモをする人、（複数で）デモ隊

march
行進、行進する

Andrew Cuomo

"It shouldn't take this long to end basic discrimination and basic injustice."

disperse
解散させる

riot
暴動

violence
暴力

assault
襲撃

burglary
強盗（不法侵入して盗む）

robbery
強盗、泥棒

murder
殺人、殺害

arson
放火

offensive
不快な、攻撃的な

hate crime
ヘイトクライム、憎悪犯罪

hatred
嫌悪

hostility
敵意、敵対行為

xenophobia
外国人嫌悪

victim
被害者

perpetrator
加害者

suspect
容疑者

criminal offense
刑事犯罪

investigation
捜査

arrest
逮捕

detention
拘束、拘留

malicious arrest
不当逮捕

police officer
警察官

Andrew Cuomo

"It shouldn't take this long to end basic discrimination and basic injustice."

---

detective
刑事

prosecutor
検察官

vigilante
自警団員

innocent
無罪の、無実の

guilty
有罪の

convict
有罪と宣告する

false accusation
冤罪

trial
裁判

court
裁判所

jail、prison
刑務所

prisoner
囚人

legal
合法の

illegal
不法な

injustice
不正

legislation
法律、法令

human rights
人権

humanitarian
人道主義の

respect
尊重、尊重する

protect
保護する

eliminate
削除する、撤廃する

resist
抵抗する

media
マスコミ

coverage
報道

press conference
記者会見

reporter
記者

accusation
告発、非難

allegation
申し立て、主張

assertion
断言、主張

affirmation
断言、確約

column 2

アンドリュー・クオモの記者会見に登場する黒人差別事件の被害者一覧

Abner Louima　アブナー・ルイマ
警官に暴行を受けたハイチ系移民（1997年）。

Amadou Diallo　アマドゥ・ディアロ
銃を持っていると誤認され、警官に射殺された黒人男性（1999年）。

Sean Bell ショーン・ベル
独身最後のパーティーを開いていたところ、警官に殺害された黒人男性（2006年）。

Oscar Grant　オスカー・グラント
地下鉄で取り調べを受け射殺された黒人男性（2009年）。

Eric Garner　エリック・ガーナー
警官に首を絞めて取り押さえられ死亡した黒人男性（2014年）。

Michael Brown　マイケル・ブラウン
警官ともみあいになって射殺された黒人少年（2014年）。

Laquan McDonald　ラカン・マクドナルド
ナイフを手に歩いていたところ警官に射殺された黒人少年（2014年）。

Freddie Gray　フレディ・グレイ
拘束され移送中に死亡した黒人男性（2015年）。

Antwon Rose　アントワン・ローズ
警官に背後から射殺された黒人少年（2018年）。

Ahmaud Aubrey　アフマド・アーベリー
ジョギング中に元警官らに射殺された黒人男性（2020年）。

Breonna Taylor　ブレオナ・テイラー
恋人と自宅にいたところ警官に射殺された黒人女性（2020年）。

Section 1

LGBT

モーリス・ウィリアムソン

「元ニュージーランド国会議員」

■

Section 2

人工知能

ナレンドラ・モディ

「インド首相」

■

Section 3

結束へ向かう世界

ジョー・バイデン

「アメリカ大統領」

LGBT

LGBT

同性婚が認められる一方で、LGBT が違法の国も

LGBT は、lesbian（レズビアン）、gay（ゲイ）、bisexual（両性愛者）、transgender（トランスジェンダー、身体的な性別と自認する性別が異なる人）の頭文字を取ったものである。questioning（性的志向を定めていない）やqueer（クィア、多様な性的志向）のq をつけて、LGBTQ とすることもある。

イギリスでは1960年代まで、同性愛はillegal（違法）だった。今でもマレーシアやイランなど一部の国では違法であり、死刑が科されることもある。1989年、デンマークが世界で初めて、同性のカップルに結婚に近い権利を認めた。その後、ノルウェー、スウェーデン、オランダなどヨーロッパの国々で、同性カップルの結婚またはそれに近い権利が認められるようになっていく。

同じ頃、国連などの国際機関で、同性愛者の保護がhuman rights（人権）の問題として取り上げられるようになった。その際にLGBT という略称が使われるようになり、やがて一般的な名称として世界に広がっていく。

なお、日本では1995年に東京都の渋谷区で、同性カップルに対して結婚に準じる関係を認める「パートナーシップ証明書」を発行するようになった。その後自治体単位で同様の証明書の発行を始めているが、これはまだ法律で認められたものではない。

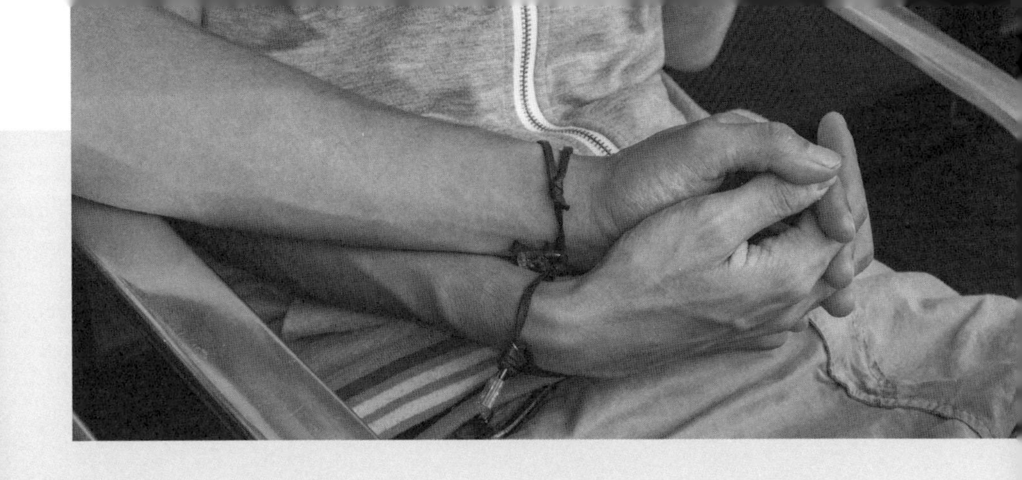

虹色の旗はLGBTのシンボル

LGBTが世界に広く知られるようになったのは、Pride Parade（プライド・パレード）の存在によるところも大きい。LGBTのようなsexual minority（性的マイノリティ）が、自らの権利を主張するため、華やかな衣装を身に付けてパレードするものである。1970年にアメリカで始まり、今では世界各国の大都市で毎年開催されるようになった。日本では1994年から一時中断をはさんで開催、現在は「東京レインボープライド」という名称になっている。

「レインボー」という名は、パレードのシンボルとして使われる虹色の旗Rainbow Flag（レインボーフラッグ）から来ている。Rainbow Flagは1970年代にアメリカで制作され、LGBTコミュニティの象徴となった。2013年、ニュージーランドの国会議員モーリス・ウィリアムソンもLGBTを擁護するスピーチの中で、gay rainbow（ゲイの虹）という言葉を使っている。

2020年の米国大統領選では、ゲイであることをcoming out（カミングアウト）し、男性を配偶者に持つ男性議員が出馬した。2019年にシカゴ市長に就任した黒人女性も、レズビアンであることを公言している。LGBTであることがことさら意識されない時代が来るのも、そう遠いことではなさそうだ。

Maurice Williamson

Former Member of Parliament of New Zealand

モーリス・ウィリアムソン

「元ニュージーランド国会議員」

Big Gay Rainbow Speechを広めたNZの大物政治家

2013年、ニュージーランド国会で同性婚を認める改正法案が提出されたとき、モーリス・ウィリアムソン議員は賛成票を投じるとともに、議会の演説で"We had the most enormous big gay rainbow." (とてつもなく大きい、ゲイの虹がかかったのです)と述べ、同性愛者たちを擁護した（虹は、同性愛者たちのシンボル)。この演説はBig Gay Rainbow Speechと呼ばれて瞬く間にSNSで世界に広がり、同性愛者を支持する人々によって、度々引き合いに出されるようになったのである。

今ではもっぱらこのスピーチと共に語られることが多い人物だが、1987年から30年間ニュージーランドで国会議員を務め、放送・通信・建設・教育などの省で大臣を歴任した、ニュージーランド政界の大物である。

2017年、日本の国会議員が同性愛者に対して批判的な発言をした際、それに対する抗議としてこのスピーチがSNSで広まり、ウィリアムソンのTwitterアカウントは日本からのフォロワーが急増。彼はそのとき、"I'm delighted." (何ともうれしいですね)というツイートを投稿している。彼はその前年に議員を辞職し、アメリカへ移ってロサンゼルスのニュージーランド総領事を務めていた。どこにいても、その名はいつまでも、彼のスピーチとともに語り継がれることだろう。

⑦ by US Embassy New Zealand / CC PDM 1.0

モーリス・ウィリアムソンの英語

Big Gay Rainbow は「ビッグ・ガイ・レインボウ」

同じニュージーランド人であるジャシンダ・アーダーン同様、モーリス・ウィリアムソンにも[t] の音が強めに聞こえる、[ei] が[ai] に近くなる、など、イギリス英語に近いニュージーランド英語の特徴がある。例えばbig gay rainbow のgay は「ガイ」に近くなり、can't は「カーント」、cannot は「カノット」に近い。アメリカ英語を聞き慣れていると最初は違和感を覚えるかもしれないが、発音がはっきりしているので、慣れてくると聞き取りやすいところもあるはずだ。

“We had the most enormous big gay rainbow.”

「とてつもなく大きい、ゲイの虹がかかったのです」

(4分7秒)

は p.146 キーフレーズ参照

Maurice Williamson

Speaker, I too will be taking a split call with my colleague Jami-Lee Ross. It is sort of the young and the vibrant versus the old and the boring. And so I knew, yeah, and members of the House will be forced to choose which one is which, sir.

So, I wanna first of all congratulate Louisa Wall for this bill, and I wanna say, sir, that the good news about the years in this Parliament is you'll learn to deflect all of the dreadful sort of fire and brimstone accusations that are going to happen, soon.

2013/4/17、ニュージーランド議会にて、
同性婚を認めるMarriage Amendment Bill（結婚改正法案）を
支持するスピーチを行った。

議長、私も同僚のジェイミー・リー・ロスと別々にします。「若くて活気のある人」対「年取った退屈な人」という感じですね。ええ、わかっています。国会議員はどちらかを選ばなければなりません。

（＊sir は議長に呼びかけている言葉）

では、この法案に関し、まずルイーザ・ウォールに祝辞を送りたいと思います。私が言いたいのは、この議会で今後何年にもわたるいい知らせがあるということです。これから起こる、とてつもない火や硫黄のような非難をかわす方法を学ぶことになるでしょう。

Jami-Lee Ross
ジェイミー・リー・ロス（当時の最年少議員）

vibrant
活気がある（the old and the boring は、ウィリアムソン自身）

members of the House
国会議員

Louisa Wall
ルイーザ・ウォール（同性婚を認める法案を提出した議員）

deflect
そらす、かたよらせる

brimstone
硫黄（fire and brimstone は聖書に登場する責め苦）

accusation
非難（法案を成立させた後に予想される非難）

I've had a reverend in my local electorate say that the "Gay onslaught will start the day after this bill is passed." So we are really struggling to know what the gay onslaught will look like. We don't know if it will come down the Pakuranga Highway as the series of troops or whether it will be a gas that flows the electorate and blocks us all in.

I also had a Catholic priest tell me that I was supporting an unnatural act. I found that quite interesting coming from someone who has taken an oath of celibacy for his whole life. I always say celibacy, OK, we will go with celibacy. I haven't done it so I don't know what it's about.

"We had the most enormous big gay rainbow."

私の地元の選挙区の牧師は、こう言いました。「この法案が可決された翌日から、ゲイの猛攻が始まる」。それで、ゲイの猛攻とはどのようなものか、なんとかして理解しようとしています。パクランガ・ハイウェイを通って一連の部隊が押し寄せてくるのか、それとも、選挙区にガスが流れて私たち皆が閉じ込められてしまうのか、わかりません。

また、カトリックの聖職者に、自然に反した法を支持していると言われました。生涯独身禁欲の誓いを立てた人からその言葉を聞くとは、ひどく面白いですね。いつも言うのですが、独身禁欲とは、いいですか、独身禁欲のことです。私はやったことがないので、どんなものかわかりません。

reverend
牧師

electorate
選挙民、選挙区

onslaught
猛攻

Pakuranga
パクランガ（地名）

oath
誓い

celibacy
独身、禁欲

I also had a letter telling me I would burn in the fires of hell for eternity and that was a bad mistake because I've got a degree in physics. I used the thermodynamic laws of physics. I put in my body weight and my humidity and so on. I assumed the furnace to be at 5,000 degrees and I will last for just on 2.1 seconds. It's hardly eternity. What do you think?

And some more disgusting claims about what adoption would be. Well, sir, I have got three fantastic adopted kids. I know how good adoption is, and I've found some of it just disgraceful. I found some of the bullying tactics really evil. And sir, I gave up being scared of bullies when I was at primary school.

"We had the most enormous big gay rainbow."

また、私は地獄の火で永遠に焼かれるだろうと書かれた手紙も受け取りましたが、それはひどい間違いです。私は物理学の学位を持っていますから。私は物理学の熱力学の法則を使ってみました。私の体重や湿度などを考慮しました。かまどの温度を5,000度と仮定すると、2.1秒しか持ちません。永遠とは程遠いですね。どう思いますか?

さらに、養子縁組がどうなるかということについて、不快な主張もありました。あの、私には3人の素晴らしい養子がいます。養子縁組のよさを知っています、そういった主張にはひどいものがあります。いじめの手口の中には、本当に悪質なものもありました。なお私は、小学生のときにいじめを怖がるのをやめてしまいました。

physics
物理学

thermodynamic
熱力学の

furnace
かまど、炉

disgusting
不快な、嫌な

adoption
養子縁組

disgraceful
恥ずべき、不名誉な

bullying
いじめ

tactics
手口、戦術

evil
邪悪な

However, a huge amount of the opposition was from moderates, from people who were concerned, who were seriously worried, about what this might do to the fabric of our society. I respect their concern. I respect their worry. They were worried about what it might do to their families and so on.

Let me repeat to them now that all we are doing with this bill is allowing two people who love each other to have that love recognized by way of marriage. That is all we are doing. We are not declaring nuclear war on a foreign state. We are not bringing a virus in that could wipe out our agricultural sector forever.

"We had the most enormous big gay rainbow."

しかし、膨大な数の反対は、穏健派の人々、この法案が私たちの社会の構造にどう影響するかを懸念し、真剣に心配する人々からのものでした。彼らの懸念を尊重します。彼らの心配を尊重します。彼らは、自分の家族にどう影響があるかといったことを心配していたのです。

繰り返します、この法案によってやろうとしていることは、互いに愛し合っている2人が、結婚という方法で、その愛を認めてもらえるようにすることです。私たちがやっているのはそれだけです。外国に核戦争を布告しているわけではありません。農業部門を永遠に消滅させるようなウイルスを持ち込んでいるわけではありません。

opposition
反対、反対派

moderates
穏健派

fabric
基礎構造、骨組み

declare
宣言する、布告する

nuclear war
核戦争

virus
ウイルス

agricultural
農業の

We are allowing two people who love each other to have that recognized, and I can't see what's wrong with that for love nor money, sir. I just cannot. I cannot understand why someone would be opposed. I understand why people don't like what it is that others do. That's fine. We are all in that category.

But I give a promise to those people who are opposed to this bill right now. I give you a watertight guaranteed promise.

The sun will still rise tomorrow. Your teenage daughter will still argue back with you as if she knows everything. Your mortgage will not grow. You will not have skin diseases or rashes, or toads in your bed, sir. The world will just carry on. So don't make this into a big deal. This is fantastic for the people it affects, but for the rest of us, life will go on.

"We had the most enormous big gay rainbow."

音声 25

互いに愛し合う2人が、それを認めてもらえるようにするのです。何がいけないかわかりません、お金のためでなく、愛のためです。わかりません。なぜ反対する人がいるのかわかりません。ほかの人のすることが気に入らない人がいる理由はわかります。それはいいんです。私たち皆同じですから。

でも、この法案に反対する人たちに、今、約束します。水も漏らさず保証された約束です。

陽はまた明日も上ります。10代の娘は相変わらず、知ったかぶりで口ごたえしてきます。住宅ローンが増えるわけでもありません。皮膚病になったり発疹が出たり、ベッドにヒキガエルが出るというわけでもありません。世界はただ、続いていきます。ですから、大げさにするのはやめましょう。影響がある人にとっては素晴らしいことですが、残りの私たちにとっては、ただ人生が続くだけです。

watertight
水も漏らさぬ、すきがない

argue back
口ごたえする、言い返す

mortgage
住宅ローン

rash
発疹、吹き出物

toad
ヒキガエル

big deal
大変なこと、一大事

And finally, can I say sir, one of the messages I had was that this bill was the cause of our drought. This bill was the cause of our drought. Well, if any one of you follow my Twitter account, you will see that in the Pakuranga electorate this morning, it was pouring with rain. We had the most enormous big gay rainbow across my electorate. It has to be a sign, sir. It has to be a sign. If you are a believer, it's certainly a sign.

And can I finish, for all those who are concerned about this, with a quote from the Bible? It's Deuteronomy. I thought Deuteronomy was a cat out of catch, but never mind. It's Deuteronomy Chapter 1 Verse 29. "Be ye not afraid."

スピーチ動画があるURL
https://www.youtube.com/watch?v=VRQXQxadyps

"We had the most enormous big gay rainbow."

音声 25

最後に、私が言えるのは、この法案が、干ばつの原因だということです。この法案は、干ばつの原因です。あの、もし私のTwitter のアカウントをフォローしている方がいたら、今朝パクランガ選挙区に、雨が降っていたのがわかるでしょう。そして私の選挙区に、とてつもなく大きいゲイの虹がかかっていたのです。これは、兆候に違いありません。これは兆候に違いありません。もしあなたが信じるのであれば、これは確かに兆候です。

これについて懸念するすべての人のために、私は聖書からの引用をもって終えたいと思います。「申命記」(Deuteronomy) です。Deuteronomy は捕まって助けられたネコのことだと思いますが、まあ、気にしないでください。「申命記」第1章29節。「恐れてはならない」。

drought
干ばつ（当時、ニュージーランドは深刻な干ばつに見舞われていた。「虹が出る＝晴れる＝干ばつになる」と言おうとしている）

sign
しるし、兆候

believer
信じる人、信者

quote
引用

Deuteronomy
申命記

a cat out of catch
捕まって助けられたネコ（ミュージカル『CATS』に登場するネコのこと。名前が Deuteronomy <デュトロノミー>）

ye
古語での you（複数）

キーフレーズを自分のモノにしよう！

キーフレーズを応用して、
仕事や普段の会話で
使ってみよう。

"We had the most enormous big gay rainbow."

The good news about the years in this Parliament **is** you'll learn to deflect ～.

（～をかわすことになるという、この議会にとって、今後何年にもわたる**いい知らせがあります**）

The good news about ～ is ... ➡ ～についてのよい知らせは、…です

＜応用例＞

The good news about the disease **is** that it has a cure.
（その病気**についてのよい知らせは**、治療法があるということ**です**）

I found that quite interesting com**ing** from someone who has taken an oath of celibacy for his whole life.

（生涯独身禁欲の誓いを立てた人からその言葉を聞く**とは、ひどく面白いですね**）

I found that quite interesting -ing ➡ ～とは、非常に興味深い

＜応用例＞

I found that quite interesting hear**ing** how technology is changing.
（テクノロジーがどのように変化しているかを聞く**のは、大変興味深いです**）

A huge amount of the opposition **was from** moderates, ～, **who were** seriously **worried**, about what this bill might do.

（膨大な数の反対**は**、穏健派の人々、～、この法案がどう影響するかを真剣に**心配する**人々**からのものでした**）

～was from ... who XXX ➡～はXXXする…からのものでした

<応用例>

The idea **was from** employees **who were opposed** to the previous one.
（そのアイデア**は**、以前のに**反対していた**従業員たち**からのものでした**）

Let me repeat to them now **that** all we are doing with this bill is ～.

（彼ら**に繰り返し言います**。私たちがこの法案でやろうとしていることは、～です）

Let me repeat to ～ that ... ➡ ～に…ということを繰り返させてください

<応用例>

Let me repeat to you **that** we have made up our mind.
（私たちはすでに決心したのだ**ということを**、あなた方**に繰り返させてください**）

We are allowing two people who love each other **to** have that recognized.

（互いに愛し合う2人**が**、それを認めてもら**えるようにするのです**）

We are allowing ～ to ... ➡ ～が…できるようにする

<応用例>

We are allowing customers **to** access the service.
（私たちは、お客様**が**そのサービスにアクセス**できるようにしています**）

モーリス・ウィリアムソンに

コメントを投稿しよう！

SNS や **YouTube** の
投稿に、
英語でコメントをつけてみよう。

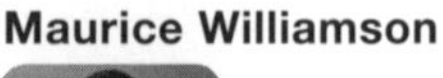

"We had the most enormous big gay rainbow."

Fantastic speech! You are a legend.
（素晴らしいスピーチです！　あなたはまさに伝説です）

Absolutely superb! I watched the video over and over.
（本当に素晴らしい！　動画を何度も見ました）

What great humor, thumbs up!
（素晴らしいユーモアですね、応援します!）

thumbs up ➡ thumb は「親指」。「いいね!」の絵文字から、「賛成」を意味する。

Well done! With warmest regards from Japan.
（すごいです!　日本より心を込めて）

History has been made, and you're a part of making it.
（歴史が作られましたね。あなたがそれに貢献しています）

The world needs to wake up!
（世界は目覚めないと!）

I hope all the world will understand your message.
（世界中の人にあなたのメッセージを理解してほしいですね）

I wish the politicians in Japan could do the same.
（日本の政治家に同じことができればいいのに）

LGBTを語るためのキーワード

LGBT について
聞いたり話したりするときに
役立てよう。

音声 28

lesbian
レズビアン（女性の同性愛者）

gay
ゲイ（主に男性の同性愛者。女性同士に使うこともある）

homosexual
同性愛者

bisexual
両性愛者（異性も同性も恋愛対象になる）

transgender
トランスジェンダー（身体的な性別と自認する性別が異なる人）

questioning
性的志向を定めていない

queer
クィア、多様な性的志向

cross dresser
クロスドレッサー（女装する男性、男装する女性）

transvestite
トランスベスタイト（cross dresserと同義。現在はcross dresserが主流）

effeminate
（男性が）女性っぽい

mannish
（女性が）男性っぽい

masculine
男らしい

feminine
女らしい

sexual orientation
性的志向

sexual minority
性的マイノリティ

gender identification
性自認

heterosexual
異性愛者

heteronormative
異性愛を規範とする

straight
ストレート（異性愛者の口語的な言い方）

Maurice Williamson

"We had the most enormous big gay rainbow."

cisgender
シスジェンダー（身体的な性別と自認する性別が一致している人）

ally
アライ。LGBT の理解者

homophile
同性愛者。または同性愛の活動を応援すること

gay activist
同性愛活動家

gender
性、ジェンダー

sexuality
性別

asexual
性別のない

gender identity disorder
性同一性障害

sex reassignment surgery
性別適合手術（性転換手術）

genitals
性器、生殖器

get married
結婚する

same-sex marriage
同性婚

marriage license/certificate
結婚許可証

civil partnership
シビルパートナーシップ（同性カップルに対し、法律上の結婚と同等の権利を与える制度）

legal rights
法的権利

spouse
配偶者

adoption
養子縁組

adopted child
養子

biological mother/father
生物学上の母親／父親

coming out
カミングアウト（同性愛者であることを公表すること）

Maurice Williamson

"We had the most enormous big gay rainbow."

outing
アウティング（同性愛者であることを他の人によって公表されてしまうこと）

homophobia
同性愛嫌悪

rally
集会

march
行進、行進する

Pride Parade
プライド・パレード（LGBT によるパレード）

bill
法案

pass the bill
法案を可決させる

vote
投票、投票する

electorate
選挙民、選挙区

oppose
反対する

defend
擁護する

approve
承認する

legalize
合法化する

AI
人工知能

1950年代から存在している「AI」

AI（=artificial intelligence、人工知能）と聞くと、ロボットが人間の代わりに働く姿をまず思い浮かべるかもしれないが、実はそれ以上に、社会全体のあり方そのものを変える機能を持つものとして期待されている。

AIという言葉そのものは、実は1950年代から使われている。当時、コンピューターが迷路を解いたり数学の定理を証明したりできるようになり、機械翻訳も登場したが、飛躍的な進化にまではいたらなかった。

AIブーム到来、自動運転や渋滞解消も

2000年代に入り、big date（ビッグデータ=膨大なデータ）を使ってdeep learning（ディープラーニング、深層学習）というmachine learning（機械学習）を行うことにより、コンピューターが音や画像をより精確に認識することが可能になって、一種の「AIブーム」が起こっている。

店頭で訪れた客と巧みに会話をするAIロボット「Pepper（ペッパー）」が発表されたのは、2014年のことだ。AIによるself-driving（自動運転）は、もう間もなく実用化される見込みである。AIが交通量を分析・予測して信号の切り替え調整を行い、traffic jam（渋滞）を解消することもできるようになる。その他、

AI ロボットが農作物の収穫を行う、AI 搭載ドローンで農薬散布を行うなど、agriculture（農業）の分野での実用化も進んでいる。AI を使ったEdTech（Education ＜教育＞×Technology ＜テクノロジー＞）により、辺境の地にいる子どもたちにも、一人一人の学力に合わせた教育をインターネットで届けることができる。気象や自然環境にまつわる膨大なデータをAI で分析し、climate change（気候変動）の対策を立てることもできるそうだ。

47% の仕事がAI に取って代わられる?

一方で、AI が担う分野が拡大することで、事故や過失が起こった際のaccountability（説明責任）の範囲があやふやになるのではないかという懸念がある。標的を自動的に攻撃するAI weapon（AI 兵器）の開発も進められているが、これをテロリストなどが悪用することを防いでいかなければならない。

2013年、イギリス・オクスフォード大学のマイケル・A・オズボーン准教授らは、「10〜20年のうちに現在ある仕事の47% が機械に取って代わられる」という衝撃的な論文を発表し、人間は“AI に負けない” 力を身に付けるべきだと唱えられるようになった。今後は、人間とAI がいかにcoexistence（共存）していくかが問われる時代になっていくだろう。

Narendra Modi
Prime Minister of India

ナレンドラ・モディ
「インド首相」

SNS6,500万フォロワーを持つカリスマ指導者

2014年にインド首相に就任したナレンドラ・モディ。製造業をインドに呼び込む「メイク・イン・インディア」政策を掲げて海外企業を誘致し、経済は順調に成長。2019年の世界名目GDPランキングでは、アメリカ、中国、日本、ドイツに続きインドが第5位に。国家躍進の立役者として、国内ではカリスマ的な人気を誇っている。

上流階級の生まれではなく、子どもの頃は父親がチャイ（インドの紅茶）を売るのを手伝っていたという。ヒンドゥー教至上主義団体の活動に参加することで頭角を現し、2001年に、出身地であるグジャラート州首相となった。そこでの手腕が評価され、やがてインド首相の地位に就くことになったのである。

自身が熱心なヒンドゥー教信者であり、ベジタリアン、絶対禁酒主義で、イメージは“清廉潔白”。民族服であるクルタを愛用し、彼のトレードマークでもある半袖クルタは「モディ・クルタ」と呼ばれる。デジタル化に熱心で、政府機能の電子化を推進し、自らTwitterやFacebookでメッセージを発信する。Twitterアカウントのフォロワー数は6,500万人。2020年には当時の米トランプ大統領に次ぎ、世界で2番目にフォロワーが多い政治的指導者だった。13.6億人と世界第2位の人口を擁する大国のリーダーとして、これからますます存在感を増しそうだ。

⑧ by narendramodiofficial / CC BY-SA 2.0

ナレンドラ・モディの英語

インド英語独特の発音に慣れよう

ナレンドラ・モディはヒンディー語使用を重視し、普段公の場ではヒンディー語を使って話す。ただし、インドの知識階級の多くがそうであるように、英語も流暢に操ることができる。インド人の話す英語は独特で、例えばr に母音がついて「ル」のように聞こえる、th が「タ」「ダ」と発音されるといった特徴がある。日本人学習者は最初戸惑うかもしれないが、インドという国の影響力の大きさを考えると、これも英語の一つの形として慣れていく必要が出てくるだろう。

“Why not use AI for knowledge sharing?”

「知識の共有に、AI を利用しようではないか」

（2分6秒）

は p.162 キーフレーズ参照

Narendra Modi

Friends, I’ve seen a big role for AI in empowering agriculture, healthcare, education, creating next generation urban infrastructure, and addressing urban issues like reducing traffic jams, improving civic systems, and laying our energy grids.

It can be used for making our disaster management system stronger. It can even be used to solve the problem of climate change.

Friends, our planet is blessed with several languages. In India, we have several languages, and languages and dialects. Such diversity makes us a better society.

2020/10/5、
自身の YouTube 公式チャンネルで発信した、
国民に向けた公式メッセージ

友よ、私はAIが大きな役割を果たすのを見てきました。農業・医療・教育を向上させ、次世代の都市インフラを創設し、交通渋滞を減らす、市民システムを改善する、エネルギー供給網を敷くといった都市問題への対応を強化する役割です。

我々はそれを、災害管理システムを強化するために使用することができます。気候変動の問題を解決するのに使用することすらできます。

友よ、我々の惑星は、複数の言語による恩恵を受けています。インドには複数の言語があります。言語、そして方言です。そのような多様性により、よりよい社会を築くことができます。

empower
力付ける、強化する

healthcare
医療、健康管理

address
対応する、対処する

traffic jam
交通渋滞

energy grid
エネルギー供給網

disaster
災害

blessed
祝福された、恩恵を受けた

dialect
方言

As Professor Raj Reddy just suggested, why not use AI to seamlessly bridge languages, language barriers? Let us think about simple and effective ways of how AI can empower the young sisters and brothers.

Friends, why not use AI for knowledge sharing? There are two things as empowering as making knowledge, information, and skills easily accessible.

Friends, it remains our collective responsibility to ensure trust in how AI is used. Algorithm, transparency is key to establishing this trust. Equally important is accountability. We must protect the world against weaponization of AI by non-state actors.

スピーチ動画がある URL
https://www.youtube.com/watch?v=k7vTIMGO0_Q

"Why not use AI for knowledge sharing?"

ラジ・レディ教授が提案したように、言語の、言語間の障壁を途切れなくつなぐために、AIを活用しようではないですか。若い兄弟姉妹に力を与えるために、AIをシンプルに効果的に利用する方法を考えましょう。

友よ、知識の共有に、AIを活用しようではないですか。2つのことがあります。知識・情報・スキルを強化すると同時に、アクセスしやすいものとするのです。

友よ、AIの活用に関し、信頼を確かなものにすることは、私たちの共同責任であり続けます。アルゴリズム、透明性は、この信頼を確立するための鍵となります。説明責任も、同様に重要です。非国家主体がAIを武器化することから、世界を守らなければなりません。

Professor Raj Reddy
ラジ・レディ教授（インド系アメリカ人。AI研究の大家）

seamlessly
継ぎ目なく、シームレスに

accessible
アクセスしやすい、到達できる

collective
共同の、共有の

transparency
透明性

accountability
説明責任

weaponization
武器化

non-state actor
非国家主体（国家から独立した組織。ここでは、犯罪組織などを意図している）

キーフレーズを自分のモノにしよう！

キーフレーズを応用して、
仕事や普段の会話で
使ってみよう。

Narendra Modi

"Why not use AI for knowledge sharing?"

I've seen **a big role** for AI **in** empower**ing** agriculture.

（私は農業を向上**させるうえでの**AIの**大きな役割**を見てきました）

a big role in -ing ➡ ～させる大きな役割

<応用例>

It played **a big role in** help**ing** local tourism recover.
（それは、地域観光の回復**に大きな役割**を果たしました）

It **can even be used to** solve the problem of climate change.

（気候変動の問題を解決するの**に使用することすらできます**）

can even be used to ～ ➡ ～に利用することすらできる

<応用例>

Social media **can even be used to** market your small business.
（ソーシャルメディアで、貴社のスモールビジネスをマーケティング**することすらできます**）

Our planet **is blessed with** several languages.

（我々の惑星は、複数の言語**による恩恵を受けています**）

be blessed with ～ ➡ ～に恵まれている

<応用例>

Our company **is blessed with** well-experienced experts.

我社は、経験豊かな専門家**に恵まれています**。

Why not use AI to seamlessly bridge languages, language barriers**?**

（言語の、言語間の障壁を途切れなくつなぐために、AIを活用**しようではないですか**）

Why not ～? ➡ ～しようではないか

<応用例>

Why not take advantage of the power of e-commerce**?**

（Eコマースのパワーを利用**しようではないですか**）

It remains our collective **responsibility to** ensure trust in how AI is used.

（AIの活用に関し、信頼を確かなものに**することは、私たちの**共同**責任であり続けます**）

It remains our responsibility to ～ ➡ ～することは、私たちの責任であり続ける

<応用例>

It remains our responsibility to address the issues of gender equality.

（ジェンダー平等の問題に対処**することは、私たちの責任であり続けます**）

AI ナレンドラ・モディに

コメントを投稿しよう！

SNS や **YouTube** の
投稿に、
英語でコメントをつけてみよう。

Narendra Modi

"Why not use AI for knowledge sharing?"

You're doing a great job to develop your country.
（国の発展のために素晴らしい仕事をされていますね）

I'm impressed with your powerful speech.
（パワフルなスピーチに感銘を受けました）

In the near future, India will be an IT superpower of the world.
（近い将来、インドは世界のIT大国になるでしょう）

I'm looking forward to seeing India grow.
（インドの成長が楽しみです）

I hope India and Japan will strengthen our ties.
（インドと日本の結びつきが強まるといいですね）

I expect the reform in India will spread across every part of the country.
（インドの改革が、国のあらゆる部分に行き渡ることを願います）

Communicating with people in India is challenging, but I'll be happy to try!
（インドの人とコミュニケーションを取るのは難しいですが、ぜひやってみます!）

I'm a huge fan of Indian culture, especially movies!
（インドのカルチャーの大ファンです、特に映画の!）

AIを語るためのキーワード

AIについて
聞いたり話したりするときに
役立てよう。

AI
AI（= artificial intelligence）、人工知能

AI on board
AI搭載

automation
自動化

autonomous
自律型の

self-driving
自動運転

electric car
電気自動車

machine learning
機械学習（機械が大量のデータから学ぶ）

big data
ビッグデータ（機械学習の元となる膨大な情報）

deep learning
深層学習、ディープラーニング（機械学習の手法の一つ。機械が自動的に学習するシステム）

develop
開発する

statistics
統計

analysis
分析

prediction
予測

cognition
認知、認識

process
処理、処理する

optimize
最適化する

monitor
監視する

detect
検知する

function
機能

voice recognition
音声認識

Narendra Modi

"Why not use AI for knowledge sharing?"

---

image recognition
画像認識

face recognition
顔認証

machine translation
機械翻訳

natural language
自然言語（コンピューターではなく、人間が普段使う言語）

speech synthesis
音声合成

Text-to-Speech（TTS）
テキストの音声化

Speech-to-Text（STT）
音声のテキスト化

cutting-edge technology
最先端技術

innovation
イノベーション、革新

apparatus
装置

equipment
設備

prototype
試作品

potential
潜在性、可能性

practical use
実用化

commercialization
商業化

virtual currency
仮想通貨

cryptocurrency
暗号通貨

digital currency
デジタル通貨

FinTech
フィンテック（Finance <金融>× Technology <テクノロジー>）

EdTech
（Education <教育>× Technology <テクノロジー>）

smart farming
スマート農業

Narendra Modi

"Why not use AI for knowledge sharing?"

robotics
ロボット工学

android
アンドロイド、人造人間

humanoid robot
人型ロボット

---

ethic
倫理

equitability
公平性

accountability
説明責任

transparency
透明性

coexistence
共存

AI weapon
AI 兵器

LAWS
(= Lethal Autonomous Weapons Systems) 自律型致死兵器システム (人間の関与なしに自律的に攻撃目標を設定し、死に至らしめる)

fraud
不正、詐欺

defect
欠陥

impersonation
なりすまし

Network

Chapter 3 Section 3

The World Towards Unity

結束へ向かう世界

新型コロナウイルスが世界を変えた

2017年1月、ドナルド・トランプがアメリカ大統領に就任し、"Make America great again."（アメリカを再び偉大な国に）と唱えてme-first nationalism（自国第一主義）を推進。前年の2016年にはイギリスで国民投票によりBrexit（ブレグジット。EU 離脱）が決定しており、世界は大国が独自の路線を歩む方向に向かうものと思われていた。

しかし、2019年12月に端を発するCOVID-19（新型コロナウイルス）のpandemic（パンデミック、世界的な流行）が、世界の様相を大きく変えてしまった。lockdown(ロックダウン＝都市封鎖）はいつ解除されるのか、vaccination（ワクチン接種）はいつ始まるのかと、世界中の人々が、同時に同じことに関心を持ち、大国のリーダーたちの一挙一動が注目されるようになった。

「人種差別」「気候変動」に世界の関心が集まる

新型コロナウイルスの感染拡大と時を同じくして、アメリカや世界各地でBLM（＝Black Lives Matter、黒人の命は大事だ）の運動が盛んになり、racial

discrimination（人種差別）の問題がこれまで以上に注目されるようになった。LGBT（レズビアン、ゲイ、両性愛者、トランスジェンダー）への差別とそれを改革するための運動を耳にするようになった人も多いだろう。

2021年1月、ジョー・バイデンは新アメリカ大統領に就任すると同時に、トランプ政権下で離脱したParis Agreement（パリ協定）への復帰を決めた。国連加盟国全体で、climate change（気候変動）に取り組むための合意である。気候変動の問題を解決し、sustainable（サステナブル＝持続可能な）社会を生み出そうとする動きは世界共通のものとなり、国連の唱えたSDGs（＝Sustainable Development Goals、持続可能な開発目標）は、日本語でもそのまま「エスディージーズ」という名で広められている。

バイデン大統領が就任式で決意を語る

バイデン大統領はそのinauguration（就任式）のスピーチで、With unity we can do great things.（結束すれば、素晴らしいことができる）と語り、unity（結束）の大切さを訴えた。We can make America, once again, the leading force for good in the world.（アメリカを再び、よい世界を作るための中心的な勢力にできる）とも述べていることから、自国中心の政策を脱するものと考えられている。collaboration（協働）、co-creation（共創）、coexistence（共存）といった言葉も頻繁に聞かれるようになり、現代の世界は、まさにunity（結束）に向かっているのかもしれない。

Joe Biden

President of the United States

ジョー・バイデン

「アメリカ大統領」

政治家生活50年以上、アメリカ政界の重鎮

ジョー・バイデンと言えば、オバマ政権下の副大統領というくらいの印象しかない人が多いかもしれないが、1970年にデラウェア州ニューキャッスル郡の議員となったのち、1973年から36年間上院議員を務め、2009年から8年間副大統領の職にあったという、アメリカ政界の重鎮とも言うべき存在である。

「バイデンを大統領に」と推す声は昔から多く、過去に2回立候補したこともあった。2015年には、自身の後継者と目されていた長男が46歳の若さで脳腫瘍により死亡したショックのため、立候補そのものを見送っている。バイデンには、子どもの頃患っていた吃音症を克服した、1972年に当時の妻と幼い娘を交通事故で失った、また自身が脳動脈瘤の手術を経て復帰したという、数々の困難を乗り越えた経験があり、タフなsurvivor（サバイバー）としても知られている。

78歳というアメリカ大統領としては最高齢での就任となったが、56歳のカマラ・ハリスを、女性として、そして黒人系として初めての副大統領とするなど、注目される人選を行っている。酒は飲まず甘党で、アイスクリームが大好物。アイスクリームにかぶりついている様子を写真に撮られることが、よくあるという。

⑨ by U.S. Embassy Jerusalem / CC BY 2.0

ジョー・バイデンの英語

t がn に近くなり、unity が 「ユニニィ」に

就任式演説などで見るバイデンは物静かな落ち着いた印象だが、人柄はかなり気さくで、公式の場でfucking （クソ）という禁句をもらして周囲をあわてさせたこともある。アメリカ大西洋岸中部デラウェア州の中産階級で育ち、目立ったアクセントはないが、t の音がn に近くなり、unity が 「ユニニィ」のように聞こえるので、注意が必要だ。なお、アメリカ英語ではBiden のd の音が非常に弱くなり、Joe Biden が 「ジョバイン」のように聞こえることがある。ぜひこれもニュースで確認してみてほしい。

"With unity we can do great things."

「結束すれば、素晴らしいことができる」

(3分53秒)

は p.182 キーフレーズ参照

Joe Biden

音声 33

In another January, on New Year's Day 1863, Abraham Lincoln signed the Emancipation Proclamation. When he put pen to paper, the president said like quote, "If my name ever goes down into history it will be for this act and my whole soul is in it." My whole soul is in it.

Today, on this January day, my whole soul is in this: Bringing America together. Uniting our people, uniting our nation. And I ask every American to join me in this cause.

Uniting to fight the foes we face. Anger, resentment, hatred, extremism, lawlessness, violence, disease, joblessness, hopelessness.

2021年1月20日、
アメリカ大統領就任式のスピーチより抜粋。

また別の1月、1863年の1月1日に、エイブラハム・リンカーンは奴隷解放宣言に署名しました。署名を終えると、大統領はこう言いました。引用します。「私が歴史に名を残すとすれば、この行為によるだろう。私はこれに全身全霊を注いでいる」。私はこれに全身全霊を注いでいる。

今日、1月のこの日に、私はこのことに全身全霊を注いでいます。アメリカを1つにするのです。人々を結束させ、国家を結束します。すべてのアメリカ人に、この大義のため私に協力してほしいと思います。

結束し、直面する敵と闘うのです。怒り、恨み、憎しみ、過激主義、無法、暴力、病気、失業、絶望とです。

another January
バイデンが演説を行っている2021年1月とは「また別の1月」ということ。

Emancipation Proclamation
奴隷解放宣言
(emancipationは「解放」、proclamationは「宣言」)

cause
主義、大義

foe
敵

resentment
恨み、憤り

With unity we can do great things. Important things. We can right wrongs. We can put people to work in good jobs. We can teach our children in safe schools. We can overcome the deadly virus. We can reward work, rebuild the middle class and make healthcare secure for all. We can deliver racial justice and we can make America, once again, the leading force for good in the world.

I know speaking of unity can sound to some like a foolish fantasy these days. I know the forces that divide us are deep and they are real. But I also know they are not new. Our history has been a constant struggle between the American ideal that we are all created equal and the harsh, ugly reality that racism, nativism, fear, demonization have long torn us apart. The battle is perennial. Victory is never assured.

"With unity we can do great things."

結束すれば、素晴らしいことができます。重要なことができます。誤りを正すのです。人々によい仕事に就いてもらうことができます。子どもたちを安全な学校で学ばせることができます。死に至るウイルスを克服できます。仕事に報酬を払い、中産階級を立て直し、すべての人が確実に医療を受けられるようにします。人種問題に正義をもたらし、アメリカを再び、よい世界を作るための中心的な勢力にできるのです。

最近では、結束について語ると、ばかげた幻想のように聞こえることがあるのも知っています。私たちを分断する力は深く、またそれは現実のものです。しかし、私はまた、それが新しいものでないことも知っています。私たちの歴史は、すべての人は平等に創られているというアメリカの理想と、厳しく醜い現実の間での、絶え間ない争いでした。人種差別主義、移民排斥主義、恐怖、悪者化する行為などが、長い間、私たちを引き裂いてきました。この闘いは長引き、勝利は保証されません。

right
正す、直す

deadly
死に至る、致命的な

healthcare
医療、健康管理

racial
人種の、人種的な

justice
正義

harsh
厳しい、過酷な

racism
人種差別主義

nativism
移民排斥主義、先住民保護政策

demonization
悪者化する（demon <悪魔、邪悪な者>のように扱うこと）

perennial
長期間続く、永続的な

Through the Civil War, the Great Depression, World War, 9/11, through struggle, sacrifices, and setbacks, our "better angels" have always prevailed. In each of these moments, enough of us, enough of us have come together to carry all of us forward. And we can do that now. History, faith, reason show the way, the way of unity.

We can see each other not as adversaries but as neighbors. We can treat each other with dignity and respect. We can join forces, stop the shouting and lower the temperature.

"With unity we can do great things."

南北戦争、世界大恐慌、世界大戦、アメリカ同時多発テロ。闘いと犠牲、後退の中で、私たちの中の「よいほうの天使」が、常に勝ってきました。いずれのときも、私たちの多くが、私たちの多くが共に、私たちを前進させてきたのです。私たちは今、それをすることができます。歴史、信念、理性が、私たちに道を、結束の道を示してくれているのです。

私たちは互いを、敵ではなく、隣人として見ることができます。互いを、威厳と尊厳をもって扱うことができます。力を合わせ、怒鳴るのを止め、熱を冷ますのです。

the Civil War
南北戦争（civil warは「内戦」だが、the Civil Warでアメリカの南北戦争を指す場合がある）

the Great Depression
世界大恐慌（depressionは「不況」、the <Great> Depressionで1929年の「世界大恐慌」を指す）

9/11
アメリカ同時多発テロ（2001年9月11日に起こった）

setback
後退、挫折

better angels
よいほうの天使（「良心」のこと。リンカーンが就任演説で使用した言葉）

prevail
勝つ、勝る

reason
理性、分別

adversary
敵、相手

dignity
威厳、品位

For without unity, there is no peace, only bitterness and fury. No progress, only exhausting outrage. No nation, only a state of chaos. This is our historic moment of crisis and challenge, and unity is the path forward. And we must meet this moment as the United States of America. If we do that, I guarantee you, we will not fail.

We have never, ever, ever, ever failed in America when we have acted together. And so today, at this time and in this place, let's start afresh. All of us. Let's begin to listen to one another again. Hear one another. See one another. Show respect to one another.

スピーチ動画がある URL
https://youtu.be/cTtKDN4LgL8?t=291

"With unity we can do great things."

音声 33

結束なしに、平和はありません。恨みと怒りがあるのみです。発展はなく、消耗するような憤りがあるだけです。国家はなく、混沌とした状態だけになります。今は、歴史的な危機と挑戦の時です。結束こそ、進むべき道です。私たちはこの時を、「アメリカ合衆国」として迎えなければなりません。そうすれば、約束します、失敗することはありません。

アメリカでは、共に行動すれば、決して、決して、決して、失敗したことがありません。そして今日、この時、この場所で、新たに始めましょう。みんなで、です。再び、互いに耳を傾け合いましょう。互いに聞く。互いに会う。互いに敬意を払うのです。

bitterness
恨み、嫌み

fury
激怒、憤怒

exhausting
消耗させる、疲れさせる

outrage
憤り、憤慨

afresh
新たに、あらためて

キーフレーズを自分のモノにしよう！

キーフレーズを応用して、
仕事や普段の会話で
使ってみよう。

Joe Biden

"With unity we can do great things."

With unity **we can do** great things.

（結束**すれば**、素晴らしいこと**ができます**）

with ～ we can do ... ➡ ～で、…することができます

＜応用例＞

With commitment, **we can do** much better on the project.

（コミットメント**があれば**、プロジェクトをよりうまくやる**ことができます**）

I know speaking of unity can **sound to some like** a foolish fantasy.

（結束について語ると、ばかげた幻想**のように聞こえることがある**のも知っています）

～sound to some like ... ➡ ～は…のように聞こえることがある

＜応用例＞

It might **sound to some like** wasting time, but it's worth trying.

（時間のムダ**のように聞こえることがある**かもしれませんが、やってみる価値はあります）

Our history **has been** a constant struggle **between ～ and ...**

（私たちの歴史は**～と…の間での、**絶え間ない争い**でした**）

have been ～ between ... and ... ➡ …と…の間での、～であった

<応用例>

There **have been** conflicts **between** the Sales Department **and** the Development Department.
（営業部と開発部**の間では**対立が**ありました**）

In each of these moments, enough of us have come together to carry all of us forward.

（**いずれのときも、**私たちの多くが共に、私たちを前進させてきたのです）

in each of these moments, ➡ いずれのときも、

<応用例>

In each of these moments, please note the changes.
（**いずれのときも、**変化に注目してください）

We can see each other **not as** adversaries **but as** neighbors.

（私たちは互いを、敵**ではなく、**隣人**として**見ることができます）

not as ～　but as ... ➡ …ではなく～として

<応用例>

Let's welcome him **not as** a guest **but as** a fellow member.
（彼をお客さん**ではなく、**仲間**として**迎え入れましょう）

ジョー・バイデンにコメントを投稿しよう！

SNS や **YouTube** の
投稿に、
英語でコメントをつけてみよう。

Joe Biden

"With unity we can do great things."

音声 35

Congrats, Mr. President. Your words are inspiring.
（おめでとう、大統領。あなたの言葉が目を覚ましてくれます）

I see dignity and decency are back in the right place.
（威厳と品位が収まるべきところに戻ってきましたね）

Finally, you did it! We look forward to your great leadership.
（ついにやりましたね！　優れたリーダーシップを期待しています）

Huge applause for you and your nation.
（あなたとあなたの国に、大きな拍手を送ります）

You nailed it! I am very hopeful and feel the future is bright.
（やりましたね！　期待しています、未来は明るいと感じています）

nail it ➡「成功する、うまくやる」の口語的な言い方

This is so uplifting, the beginning of a new era.
（ワクワクします、新しい時代の始まりですね）

Hope the "better angel" will also win in our country!
（私たちの国でも、『よいほうの天使』が勝ちますように！）

I have a thing for ice cream, too! 
（私もアイスクリームに目がないんです！  ）

have a thing for ～ ➡ ～に目がない、～が大好き

日米の政府機関を語るためのキーワード

日米の政府機関について
聞いたり話したりするときに
役立てよう。

<アメリカ>

President
大統領

First Lady
大統領夫人

Vice President
副大統領

White House Chief of Staff
大統領首席補佐官

Senior Advisor to the President
大統領上級顧問

Press Secretary
大統領報道官

Oval Office
大統領執務室

Congress
議会

Capitol
議事堂

Senate
上院

Senator
上院議員

House of Representatives
下院

Representative
下院議員

Democratic Party
民主党

Republican Party
共和党

Department of State
国務省

Secretary of State
国務長官

Department of Defense
国防総省（愛称 Pentagon< ペンタゴン >）

---

election
選挙

voting
投票

Joe Biden

"With unity we can do great things."

inauguration (ceremony)
就任式

transition
移行、交代

national anthem
国歌

<日本>

cabinet
内閣

Prime Minister
首相

Deputy Prime Minister
副首相

Chief Cabinet Secretary
内閣官房長官

Ministry of Foreign Affairs
外務省

Minister of Foreign Affairs
外務大臣

Ministry of Health, Labour and Welfare
厚生労働省

Imperial Household Agency
宮内庁

National Diet
国会

The House of Representatives
衆議院

The House of Councilors
参議院

Diet member
国会議員

National Diet Building
国会議事堂

Tokyo Metropolitan Governor
東京都知事

mayor
市長

column 3

世界を変えたこの人、この一言

国際社会の中にあって、注目すべき活躍をしている政治家たちの、
エポックメーキングな一言を紹介しよう。

“While I may be the first woman in this office, I will not be the last.”

— Kamala Harris, Vice President of the United States

私はこのオフィスで最初の女性かもしれませんが、最後ではありません。

カマラ・ハリス（アメリカ副大統領）

2020年11月7日、アメリカ大統領選勝利宣言のスピーチにて。カマラ・ハリスは、アメリカ初の女性副大統領。アフリカ系の父、アジア系の母を持ち、アフリカ系・アジア系としても初の副大統領である。サンフランシスコ地方検事、カリフォルニア州司法長官など司法界での長いキャリアを持つ。whileは「～の一方」ということで、直訳すると「私がこのオフィスで最初の女性であるかもしれない一方、最後ではないだろう」ということ。

"He sought many things from his act of terror but one was 'notoriety.' And that is why you will never hear me mention his name."

—Jacinda Ardern, Prime Minister of New Zealand

彼は自身のテロ行為によって多くのことを求めましたが、その一つが「悪名」です。だから、私は決して彼の名を口にすることはありません。

ジャシンダ・アーダーン（ニュージーランド首相）

2019年3月19日、4日前に発生したクライストチャーチのモスク銃撃事件を受けて、議会でこのように語り、銃撃犯への強い抗議を表明した。hear me mention は「hear＋(人)＋動詞の原形」で、「(人)が～するのを聞く」という言い方。that is 以降は直訳すると、「それが、あなた方が、私が彼の名を口にするのを決して聞くことがない理由です」。

"Make our planet great again."

—Emmanuel Macron, President of France

私たちの惑星を、再び偉大なものにしましょう。

エマニュエル・マクロン（フランス大統領）

2017年6月1日、当時のトランプ米大統領が気候変動に関する「パリ協定」離脱を表明したことを受けて、世界にこう呼びかけた。トランプのMake America great again.(アメリカを再び偉大な国に)をもじったもので、マクロンはその後このMake Our Planet Great Again（MOPGA)を名称とした気候変動研究プロジェクトを立ち上げている。

column 3

“The trust you placed in me is confidence you placed in Europe.”

——Ursula von der Leyen, President of the European Commission

あなた方が私に置いてくれた信頼は、あなた方のヨーロッパへの自信です。

ウルズラ・フォン・デア・ライエン（欧州委員長）

2019年7月16日、女性として初めて欧州委員長として承認された際のスピーチ。ドイツの政治家で、同国初の女性国防大臣でもあった。「あなた方が私に置いた信頼」＝「あなた方のヨーロッパへの自信」で、「ヨーロッパに自信を持つのと同じように私を信頼してくれた。その信頼に応えたい」ということ。

“I accept responsibility for that. I’m in charge.”

——Andrew Cuomo, Governor of New York State

それについては、私が責任を引き受けます。私の責任です。

アンドリュー・クオモ（ニューヨーク州知事）

2021年2月15日、高齢者施設での新型コロナウイルス感染死者数を隠蔽したとの疑惑を受けての釈明。「自分が責任を取る」と率直に語っているのがクオモらしいと言える。I’m in charge. は「私が担当者である、それを行う責任がある」ということ。

写真権利一覧

■著者プロフィール

足立 恵子（あだち あやこ）
東京藝術大学美術学部卒業。出版社勤務後、独立。異文化コミュニケーションや語学関連の書籍・雑誌・ウェブサイトの編集者・著者・翻訳者。朝日カルチャーセンター講師、ウェブサイト「All Aboutトラベル英会話」ガイド、ウェブサイト「RareJob English Lab」にコラム執筆中。著書に『140字だから楽しく読める英語Twitter多読術』（三修社）、『英語で比べる「世界の常識」』（講談社インターナショナル）、訳書に『英語で解く日本史101』（IBCパブリッシング）など。

■英文校正

Casey Carmical（ケイシー・カーマイケル）

●音声ダウンロード・ストリーミング

1. PC・スマートフォンで本書の音声ページにアクセスします。
   https://www.sanshusha.co.jp/np/onsei/isbn/9784384059946/
2. シリアルコード「05994」を入力。
3. 音声ダウンロード・ストリーミングをご利用いただけます。

聴けば自分の気持ちが見えてくる英語スピーチ
世界共有の課題リスニング

2021年5月31日　第1刷発行

著　者　足立恵子
発行者　前田俊秀
発行所　株式会社 三修社
〒150-0001　東京都渋谷区神宮前2-2-22
TEL03-3405-4511
FAX03-3405-4522
https://www.sanshusha.co.jp
振替 00190-9-72758
編集担当　安田美佳子
印刷・製本　日経印刷株式会社

ISBN978-4-384-05994-6 C2082

カバー・本文デザイン：中澤睦夫
本文デザイン：スペースワイ